(A)
TAINAN
GENTLEMAN'S FUCHENG STYLE

台南紳士的府城STYLE

林大同 著

從在地早頓到巷弄風情，
跟著大同走入南都日常

前 言

　　很多人都很好奇為何我叫大同，其實大同是筆名，而選擇大同的原因很簡單，因為我非常喜歡方大同的音樂，所以才致敬了他，希望自己有一天也能成為這麼溫暖的人，默默地成為別人的光。

　　創立粉絲專頁的初心，是想記錄自己這二、三十年來的飲食與生活軌跡，但一路分享下來，發現從中得到的共鳴遠遠超乎我的想像，也得到許多未曾知道的事情。粉絲專頁裡臥虎藏龍的讀者朋友們，總是不吝於與我分享他們所知的一切，他們的黏著度也相當相當高，讓我更加用心地分享臺南的一切，我很享受這種共好的情境。

　　身為一位臺南人，其實我的日常生活範圍，與大家印象中的臺南是全然無關的。我是一位徹徹底底的城外人，對於城內的一切好奇心，都是在高中時逐漸萌芽。因為讀南二中的關係，我必須先從喜樹搭車到三星世界，再從三星世界轉車到臺南火車站。

前言

　　通勤過程中，彷彿打開了我的開關，我開始用自己的方式來認識臺南，例如臺南公園，例如北門路，例如中正路，例如三星世界。這些臺南人熟到不能再熟的地方，對於當時的我，都是新奇有趣的。等到出了社會，有了收入與交通工具之後，我更是化身成一塊大海綿，瘋狂地從這城市吸收了一切我有興趣的人事物，按圖索驥的尋找老牌小吃，甚至做了古蹟與宮廟的田野調查。不過，也感謝當時瘋狂的我，才能供給我現在書寫時源源不絕的養分。

　　旅人們來臺南，可能絕大部分集中在吃吃喝喝。但其實臺南有趣的事情，並不只是吃吃喝喝而已，深厚的歷史底蘊，所造就的種種面向與百工百業，也是這個城市吸引人的地方。

　　因此，我從各個方面來書寫臺南，從一個城外人的角度來書寫臺南，三十多年以來，我都是以一個城外人的

角度，在看城內的所有事情。我與 99.999% 的人一樣，我看到的、體驗到的，其實與絕大多數的人相同，我跟大家都是普通的平凡人，我想這是大家喜歡看我筆下的臺南的最大原因。

我習慣默默地吃；
默默地喝；
默默地看；
默默地體驗；

再把我認為覺得有趣的事與大家分享，大家來臺南不用認識我沒關係，店家老闆也不用知道我是誰，但我希望大家能夠認識我覺得有趣的那些關於臺南的人事物，這是我一個很大的心願。

PART 壹 台南紳士ㄟ早頓

- 017 · 關於臺南早餐……
- 018 · 牛肉湯──享譽海內外，別拍照、趁鮮吃
    - 01 樑記正老店牛肉湯／02 廟口清燉牛肉麵第二代
- 026 · 羊肉湯──牛肉湯之外，令人驚豔的選擇
    - 03 無名羊肉湯-大菜市
- 032 · 西式早點──日常卻老少咸宜的早餐店
    - 04 早安美芝城／05 美香吉漢堡店／06 涼咪咪早餐
- 042 · 魚丸湯──豐富的手工料，肉燥飯是絕搭
    - 07 川泰號／08 古早味魚丸湯／09 森(mori)魚丸湯、肉燥飯
- 054 · 菜粽──樸實滋味，一吃就上癮
    - 10 郭家粽／11 明和菜粽

062 · 飯桌──遊客都渴望的裏台南美食

　　⑫ 基明飯桌／⑬ 福泰第三代飯桌／⑭ 詹記‐家常飯桌鮮魚湯

074 · 碗粿──出了台南是另一種風情的小吃

　　⑮ 上舜碗粿／⑯ 一味品

080 · 鍋燒意麵──喚醒府城遊子的鄉愁滋味

　　⑰ 荷芽茶飲．鍋燒食堂／⑱ 林媽媽鍋燒意麵

088 · 鮮魚湯──台南人不外傳的巷口美食

　　⑲ 余家水仙宮三兄弟鮮魚湯

092 · 鹹粥──刻在台南人基因中的虱目魚滋味

　　⑳ 阿星鹹粥／㉑ 鄭家虱目魚粥

PART 貳 台南紳士ㄟ伴手

- 101 ・ 關於臺南伴手禮……
- 102 ・ 22 川庭屋——且吃且珍惜的傳統點心
- 106 ・ 23 台南市農會超市——品質有保障，挖寶好去處
- 112 ・ 24 香蘭男子電棒燙——紅到國外、台南紳士必備的時尚潮牌
- 118 ・ 25 葡吉麵包——瘋搶羅宋！抓住刁嘴府城人的麵點＆禮品店
- 122 ・ 26 熊菓子煎餅——熊老闆的美味煎餅與迷你店面
- 126 ・ 27 蜜桃香——外觀樸實卻沁入人心的傳統滋味
- 130 ・ 28 錦源興——台南元素滿溢的織品文創店

PART
參 台南紳士的私房美食

139 · 關於臺南紳士的私房美食……

140 · ㉙ ToBe+ 兔彼炸物──以鮮炸洋芋片，打出一片天

144 · ㉚ 小南人烤肉廚房──風靡府城饕客的燒烤達人

150 · ㉛ 宇作茶屋──宛如置身日本的雅緻氣氛

154 · ㉜ 自然熟 clean & wild eats──療癒身心的蔬食義大利料理

160 · ㉝ 來一片 義式小餐館──季節限定比薩，再遠都想去吃

164 · ㉞ 張家烙餅──專精一樣，府城居民的首選烙餅

PART 肆 台南紳士愛泡咖啡館

- 171 ・關於台南紳士愛泡的咖啡館……
- 172 ・35 Kooi Coffee 古意人咖啡──連美式都充滿豐富口感、尾韻猶存
- 176 ・36 St.1 Cafe'/Work Room 一街咖啡──從咖啡到內裝，軟硬實力兼具的好店
- 180 ・37 The Yuan ──專注本質，細心沖泡每一杯咖啡
- 184 ・38 Carpenter 木匠手烘咖啡──融入居民日常生活的理想 Cafe
- 190 ・39 席瑪朵珈琲烘焙棧──採虹吸式出杯法，沖出醇厚咖啡香
- 196 ・40 甜在心咖啡館──細心守護品質，用心對待來客
- 200 ・41 道南館自家烘焙咖啡館──適合安靜沉澱、品味獨自的咖啡時光

PART

伍 台南紳士愛理容

209 ・ 關於臺南紳士喜愛的理容院……

210 ・ ㊷ 華谷理容院——掀起傳統理容院風潮的指標人物

214 ・ ㊸ 東來高級理髮廳——風華數十年，品味高雅的高級修容店

220 ・ ㊹ 美娜士理髮廳——以高超技術，引人回味舊時輝煌府城

226 ・ ㊺ 美樂士理髮廳——二代經營，充滿海洋人家的開朗氣息

PART 陸 台南紳士愛逛宮廟

- 234 · 關於臺南紳士熱愛的宮廟……
- 236 · 46 臺灣首廟天壇（天公廟）——香火鼎盛，可以一次拜到眾多神明
- 242 · 47 臺疆祖廟 大觀音亭暨祀典興濟宮——佛道並存，溫暖守護來訪信徒
- 248 · 48 府城鷲嶺北極殿——位於府城舊時商業重心，繁榮盡收眼底
- 252 · 49 臺灣府城隍廟——肅穆城隍與時下潮流交融之地
- 258 · 50 八吉境五帝廟——不可錯過！國寶級彩繪大師及台灣英雄剪粘
- 264 · 51 八吉境道署關帝廳——宛如藝術博物館的廟宇
- 270 · 52 六合境清水寺——令人津津樂道的祖師爺與觀音合祀美談
- 274 · 53 六合境大埔福德祠——緊鄰天主教堂的超靈驗土地公廟

PART
柒 台南紳士愛散步

283 · 關於台南紳士的散步路線……

284 · ㊾ 臺灣文學館——繞著走一圈,來趟穿梭古今的時光之旅

290 · ㊺ 中正路及友愛街——新舊美食與新舊潮流的匯集地

298 · ㊻ 新美街——從文化到美食,府城最精彩的一條街

298　　1. 帆寮街:民生路到民權路

301　　2. 抽籤巷:民權路到民族路

304　　3. 米街:民族路到成功路

308 · ㊼ 忠孝街信義街:從媽祖樓到兌悅門——
　　　　歷史悠久、靜謐且充滿獨特韻味的街區

314 · ㊽ 臺南公園——充滿古樹與古蹟,親近在地居民的綠地

PART

壹

台南紳士ㄟ早頓

BREAKFAST

in

TAINAN

關於臺南早餐……

自從高中以來，我就熱愛旅行。在旅行過台灣所有城市之後，不得不說，府城的早餐肯定是最精采的。依附著府城長年的歷史所孕育出來的各式美味早餐，絕對是大家來臺南旅行時最大的期待吧！不會只是常見的蛋餅、漢堡、三明治，而是台灣他處少見的牛肉、羊肉、虱目魚、鍋燒意麵、碗粿……等等，不僅吃巧，還吃得飽。

因為牛隻屠宰場鄰近臺南，造就臺南知名的牛肉湯；
因為地理與風土環境，造就臺南知名的虱目魚一條龍產業；
因為虱目魚產業的發達，造就臺南知名的鹹粥與魚丸湯家族。

臺南物產豐饒，所以才會衍生出如此彭湃的臺南早餐名單；
臺南歷史悠久，所以才會讓府城人這麼講究吃，也這麼愛吃。
縱使臺南早餐（以舊城區為主）選擇多如繁星，但依舊能夠整理出以下幾個大分類，再依照這些大分類而有各家細微的差異，不變的是，各店家對於品質的要求，真的是近乎苛求。因為唯有如此，才能夠滿足臺南人刁鑽的舌頭。

來臺南旅行時，也請留一個胃給臺南的早餐吧，那可是府城人最豐盛的盛宴呢！

PART 壹・台南紳士八早頓

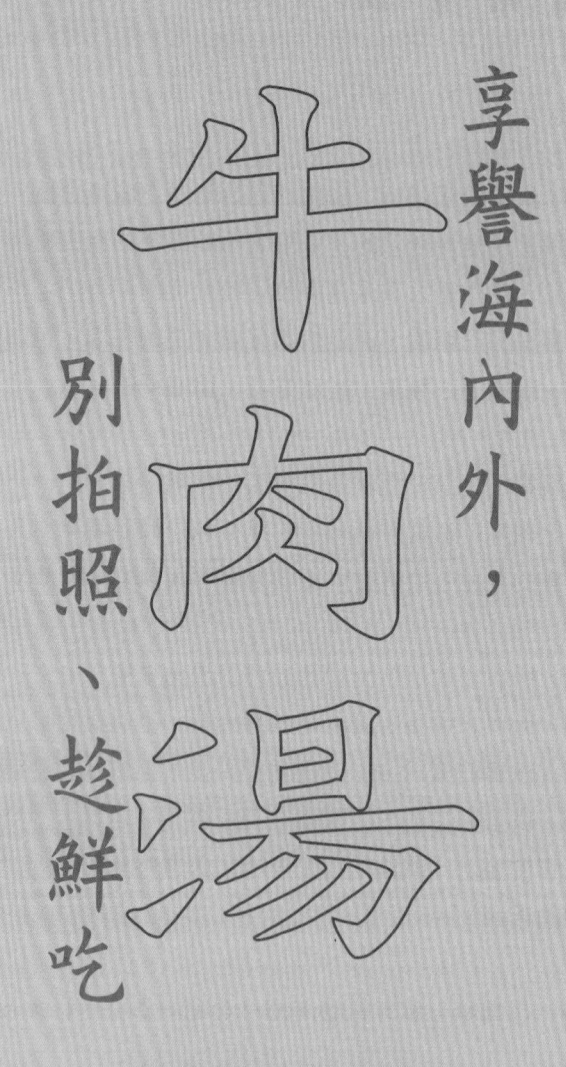

享譽海內外，
牛肉湯
別拍照、趁鮮吃

BEEF SOUP

其實牛肉湯並不是臺南傳統的早餐選項之一，這股牛肉湯狂潮，頂多是這二、三十年的事情。正因為社群平台的興起，加上臺南市府的牛肉節活動，使得牛肉湯的熱潮瞬間席捲了全臺，儼然成為臺南的代表性美食之一。來臺南就得吃一碗牛肉湯，似乎成了每位旅客必列的定番（「招牌」的日文）行程。

府城有著地利之便，所有牛肉湯店的溫體牛有著以小時為計算單位的新鮮度。每批牛肉都得以最快的速度配送往各個店家，分門別類，經過精修之後，馬上切片，沖上熱湯，端上食客的桌上。每一個環節都緊緊相扣著，絲毫馬虎不得，有時候已經開店了，肉卻還沒來，就會出現整家店都是客人，但卻沒有牛肉湯可以喝的有趣現象。

每間牛肉湯店都有自己獨特的湯頭，可能是蔬果，也可能是牛骨，牛肉的部位與切法也各異。但不管如何，牛肉的鮮度絕對都是無話可說的，沖上熱湯之後，呈現粉嫩的狀態，即是最佳食用時機，千萬不要再忙著拍照了，趕緊吃下肚才是對這些牛最大的禮讚。

01　樑記正老店牛肉湯

鮮度一流，口感超飽嘴

Liang Jijheng Beef Soup

這裏　台南市中西區郡西路 10 號　MAP
有關　11:30~20:00，週一、四休

　　雖然開店時間已經接近中午，但我覺得這裡牛肉的厚度與鮮度實在是數一數二的，也是我極度推薦的一家。

　　先說牛肉湯，大家可以看照片，那牛肉的厚度與面積，真的是很誇張，又大片又嫩，吃起來的口感超飽嘴。滿嘴牛肉鮮味，越咀嚼越有味，完全不用沾醬，原味真的就很棒，湯頭是清爽系的，極為甘甜。

　　我也非常推薦鳳尾湯（限量）。牛腩（牛背筋）軟、嫩、綿，用嘴唇即可抿開，滿口都是舒服的膠質，每一塊都很大塊，吃起來真的非常舒服，大人小孩老人都適合，非常好吃。

　　再說炒類，這裡的炒功一流。炒青菜上桌時，那個鑊氣，

●看看這溫體牛，完全不輸日本和牛啊。

PART 壹 • 台南紳士ㄟ早頓

●新店面非常寬敞,但永遠都是客滿的。●溫體牛,精修之後,再依照不同料理法,分門別類地放置。●限量的鳳尾湯,滿滿都是膠質。●綜合湯的分量與品質也是讓人無話可說的滿意。

還沒吃就開始稱讚了,實在太香了,口感很清脆,不管是蕃茄牛肉還是蔥爆牛肉,都相當推薦。菜脆肉嫩,油香油香的,相當好吃。老闆是臺南牛肉湯的元老級人物,但待人十分和氣謙虛,品質也都維持得很棒,難怪每天還沒開店,就有許多饕客坐在位置等著了。

他們新開發的牛肉河粉也是一流,畢竟用了上等的牛肉,還有一流的湯頭,微微的辣味,不管是什麼季節來上一碗,都是很棒的。

02 — 令人一嘗上癮的清燉湯頭

廟口清燉牛肉麵第二代

Miaokou Beef Noodles 2nd Gen

這裏 台南市中西區永福路二段 178 號　MAP
有關 08:00~14:00，週二休

　　這一家是我非常、非常喜歡的清燉牛肉麵，也是眾所皆知的廟口牛肉麵。第二代接手之後，依舊維持著很棒的口味，用餐環境也更好了，而且一大早就開始營業。

　　這裡招牌就是清燉牛肉麵，湯頭之清甜，無與倫比，肉也是燉的剛好，很好咀嚼，但又不至於軟爛，一碗麵裡頭有三大塊牛肉，是一碗很適合早餐吃的清燉牛肉麵，既飽足又沒多大負擔，可以應付接下來的一天。

　　想特別說的是，這家店的另一招牌是滷味，尤其是豆干，切的極薄，撒上大量的蔥花，拌上特調的辣椒醬油，一把夾起，送入口中，一整個超滿足的，蔥的辛辣香甜搭配豆干的豆香，佐以微鹹的醬油，完美。

PART 壹 • 台南紳士ㄟ早頓

●招牌的清燉牛肉麵,府城無人能出其右。

　當然,這裡的牛肉湯也很棒,只是清燉牛肉麵實在太精采了,但也提供了大家另一個好選擇。店家待人非常親切有禮,難怪在府城能夠迅速立穩腳步。

要在多如繁星的牛肉湯店裡做選擇,其實是一件很煎熬的事情,畢竟每家店家都有自己的特色在,而吃是很主觀的,有人偏好濃郁有血味的湯頭,有人偏好清爽的蔬果湯頭,有人喜歡吃五花肉,有人喜歡吃瘦肉,有人喜歡沾一堆醬料吃,也有人跟我一樣不愛沾醬料,有人愛配肉臊飯,有人跟我一樣愛配白飯,能夠找出自己的喜好才是最重要的。

●炒菜類也是鑊氣十足。●豪邁的蔥花,從本店時期就是如此。●完美傳承的第二代,也在舊城區立穩了自己的腳步。

025

牛肉湯之外，

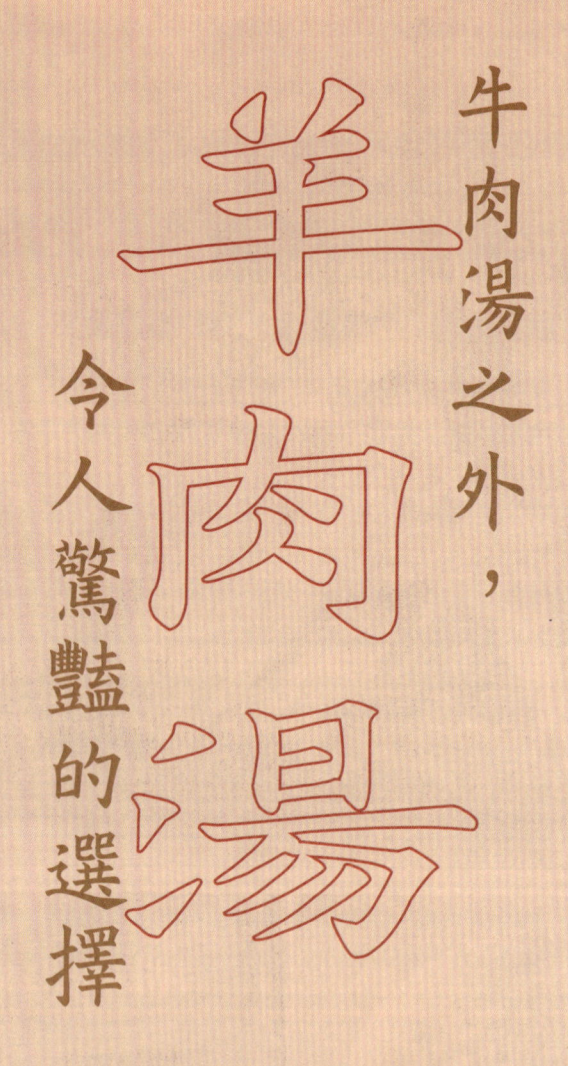

羊肉湯

令人驚豔的選擇

LAMB SOUP

其實臺南吃羊肉湯的歷史蠻長的，舊城區[1]裡，除了大家熟知的老店之外，在舊縣區[2]也有不少厲害的溫體羊肉店。

依據農業部資料顯示，臺南養殖羊肉的數量是全國第一，尤其是新化區，更是羊肉重鎮，也因此，新化區有不少羊肉名店，吃法也比較多元，例如燻羊肉、白切羊肉⋯⋯等等。此外，以落羽松聞名的六甲區也有一些知名溫體羊肉店，這裡的羊肉美味同樣讓人心醉神迷。

而在臺南的早餐選項裡，販售羊肉湯的店家雖然不似牛肉湯那麼多，但其實細緻度完全不輸給牛肉湯，甚至有過之而無不及，雖然吃法幾乎一致，但兩相比較，我個人還是偏好羊肉湯多一點。

羊肉是一項很滋補的食材，價格自然也不便宜，如果能在大清早就來上一碗熱騰騰的溫體羊肉湯，著實是一件很幸福的事情。

1. 舊城區：意指東區、中西區、南區、北區、安平區、安南區這6個行政區。
2. 舊縣區：新營區、永康區、鹽水區、白河區、麻豆區、佳里區、新化區、善化區、學甲區、柳營區、後壁區、東山區、下營區、六甲區、官田區、大內區、西港區、七股區、將軍區、北門區、新市區、安定區、山上區、玉井區、楠西區、南化區、左鎮區、仁德區、歸仁區、關廟區、龍崎區等31個行政區域。

03 — 早點來，嘗遍全羊珍味

無名羊肉湯-大菜市

Wuming Lamb Soup-Dacai Shih

> 這裏　台南市中西區府前路二段 144 號　MAP
> 有關　05:00~ 中午賣完，週二休

　　這家店在臺南其實很新，在所有老店中，只能算是幼幼班，但卻是源自一家傳奇老店的傳承。由於我沒有經歷該傳奇老店在大菜市的那一段過去，所以無從比較，但最重要的是，現在的口味很合我的味口就夠了。

　　這間店，有三點很棒：

　　其一是乾淨，攤頭眞的有在整理，每位工作人員各司其職，這很重要。

　　其二是菜單豐富，有很多稀有部位，只要來得夠早，就能嚐遍各式羊肉珍味。

　　其三是這裡很多長輩來用餐，能讓臺南老一輩這麼愛吃，這間店眞的已經成功立足臺南了。

●溫體羊的美味可是完全不輸溫體牛。　●羊皮湯充滿膠質，養顏美容又顧胃。

PART 壹 • 台南紳士ㄟ早頓

●很難想像,一大清早就有這麼豐富種類的羊肉與羊雜。

我個人喜歡清湯羊肉,大骨湯,以及乾羊皮跟羊肚。

清湯羊肉吃起來,其實跟牛肉湯一樣鮮美,溫體羊真的就是不一樣,絕對顛覆你對羊肉的刻板印象,非常非常好吃,微微的奶味,湯裡頭有些酸菜末,更加提味。

乾羊皮數量很少，口感滑 Q 有勁，但也不難咀嚼，搭配薑絲真的很好吃，我個人也相當喜歡。

羊肚也是很美味，有別一般炒羊肚，這裡就是單純清燙，直接享受原始的美味，我很喜歡吃各種內臟類，只要處理得宜，其實是比肉還好吃的，尤其是各種不同的口感，咀嚼起來很有意思。

而大骨湯是超熱門菜色，大家都很愛點，所以晚來就沒有了，份量很大，很大一盆，啃起來很爽快，吃這種東西，雙手就是你最好的餐具，直接抓起來啃，吸就對了，每一桌都是這樣，別害羞。

如果不想點太多，那直接一份羊雜，裡面通通有。而且湯可以自己加，喝不夠，就自己去攤頭舀，涼涼的天氣來一碗熱湯，暖心又暖胃，讓你喝到飽。

老闆人很年輕客氣，不會因為人多就不耐煩，但是因為每一種都現作，所以有時要等一下，這美味是值得等待的。

PART 壹・台南紳士ㄟ早頓

日常卻老少咸宜的早餐店

西式早點

WESTERN BREAKFAST

其實，在繁忙的上班上課日，大家也不太可能悠哉的吃早餐，通常都是選擇方便又快速的西式早餐，例如蛋餅、漢堡、三明治，搭配一杯冰紅茶或冰奶茶之類，縱使在臺南亦然。而臺南也誕生了好幾家聞名全國的西式早餐連鎖店，比方說：早安美芝城、喜得碳火燒三明治等等，皆是從府城發跡的。

而這些連鎖店，也會在外頭擺著許多已經製作好的餐點，如三明治、蛋餅等等，讓上班族或學生可以拿了就走，這也是因應時代的一種轉變，畢竟現代人很講求快速方便。

除了這些連鎖店，臺南也有著為數眾多的西式早餐店，有些一開甚至就二、三十年，至今屹立不搖，客層從老到少，非常厲害。

04 ──────── 台南發跡，餐點豐富多變化

早安美芝城
Good Morning MACC

　　如果不說，可能很多人不知道早安美芝城是從臺南發跡的，安平工業區裡頭還有佔地廣大的中央廚房。這家西式早餐連鎖店的龍頭，竟然是從傳統早餐環伺的臺南崛起，真的讓人感到相當敬佩。

　　而在經歷多次轉型之後，早安美芝城不僅在店鋪設計外觀有所提升，餐點的品項與品質也都有了大幅度的升級，提供給大家更優質的產品，這點真的很棒。

　　可能很多朋友會覺得美芝城有什麼好介紹的，但以他們菜單的豐富度、食材的新鮮度、出餐速度、舒適的用餐環境，再搭上這個價格，我確實覺得無可挑剔。大家賺的都是辛苦錢，時間也很寶貴，能用合理的價錢，短暫的待餐時間，享受到這種早餐，真的要給一個讚。

● 不知不覺之間，也已經陪了大家 40 年。● 甚至還有用生菜取代麵包的創新漢堡。● 從麵包到漢堡肉到生菜，都有大幅進化的基本版漢堡。

035

美芝城的菜單防守範圍實在很廣，從常見的漢堡、三明治、蛋餅還是鍋燒系列等等，現在竟然連丼飯都有了。尤其漢堡的精緻度大幅提升，從漢堡麵包到生菜到牛肉，我覺得品質都很對得起價錢。漢堡麵包是好吃的，生菜是有水份的，牛肉漢堡片也是好吃的。現在還多了鮮蔬堡，是用奶油萵苣與美生菜包裹著肉片，完完全全的原型食物，吃得非常過癮。

不管是漢堡麵包、吐司，還是漢堡肉，或者是生菜，甚至是最基本的雞蛋，他們的品質真的都很不錯，而且品項也越來越多元，不再只是蛋餅、漢堡、三明治而已。

我覺得一家西式早餐店能夠在臺南立足就已經很了不起了，在經歷了四十年之後，依舊能夠抓緊臺南人，甚至是全臺灣人的胃口，而且還在持續進化，我真的只能說respect（敬佩）而已，真的。

● 寬敞舒適的內用空間，幾乎是現今早餐店的基本。● 之前台南早餐節時的臨時攤位。

05 — 招牌薄皮炸雞必點

美香吉漢堡店

Meisiangji Burger

> 這裏 台南市安平區國平路 591 巷 42 號
> 有關 05:00~13:00（煎檯至 12:00），週四休

這家早餐店在安平運河邊，生意極好，菜單選擇多，份量也不小。雖然不是連鎖店，卻是許多在地人的超級口袋名單，一早總是高朋滿座，尤其是週末，更是一位難求。

美香吉的招牌是薄皮炸雞腿與雞翅，粉裹得很薄，上桌時真的很燙，一入口，肉汁爆擊，早餐能有這種水準的炸雞，我覺得實在心滿意足。此外還有炸雞翅，也是香酥薄脆又多汁。不過，想到絕大多數的客人都是為了招牌炸雞腿而來，對一家傳統西式早餐店而言，實在是蠻有意思的。

這裡的蛋餅種類極多，五花八門，個頭也挺大的，是傳統的粉漿蛋餅，外皮煎得恰恰，勾人食欲，搭配飽滿的內餡，食量不大的人，光是一份蛋餅就飽了。

PART 壹 • 台南紳士ㄟ早頓

● 眾多食客為之傾心的薄皮炸雞腿。● 傳統的粉漿蛋餅也是美味。● 知名的薄皮炸雞就大大的寫在招牌上。

這是一家在臺南街頭很常見的早餐店類型，從蛋餅到漢堡，從鍋燒意麵到各式炸物，還有各式飲料。可能外表看起來普普通通，但餐點卻很實在，也支撐著許多在地人，尤其是安平人的一早精力來源。

06 ── 自製漢堡肉配招牌花生乳

涼咪咪早餐

Liangmimi Breakfast Shop

這裏 台南市南區金華路二段 21 巷 1 號
有關 06:30~11:00 左右,週一休,臨時休息會公告。

這是一家臺南南區人熟知的早餐店,真的是生意超好,尤其週末,一個又一個的客人,總是把櫃檯重重包圍著,大家引頸期盼,只想趕緊拿到自己的早餐。

菜單選擇很多,大家應該都可以選到自己想要吃的。我喜歡吃黑胡椒豬排漢堡加蛋,再搭配一杯花生乳。

這裡的漢堡肉是自製的,簡單樸實,好吃的傳統口味,食材沒有什麼和牛啊,無毒生菜啊,或是什麼高級麵粉做的漢堡麵包,就是很 local(在地)的那種傳統老口味台灣式漢堡,吃了不會有條龍跑出來,也不會升天。但是,他們就是把台式傳統早餐漢堡做到極致,一口咬下,盡是滿足。

PART 壹 • 台南紳士ㄟ早頓

● 招牌的豬排漢堡,把傳統漢堡做到極致。

　　也非常推薦生菜吐司加蛋,滿滿的生菜絲與一片大番茄,土司烤得適切,整體吃起來相當清爽,是一份很樸實優雅的餐點。他的招牌是花生乳,幾乎人人都會點上一杯,濃郁的花生香與牛奶香交融在口中,冰冰涼涼的,極為美味。

●相當復古的菜單。●隱身在南區國宅一樓的涼咪咪,卻是許多南區人的早餐首選。●培根散蛋或熱狗散蛋也是很多人的最愛。

　　這裡是許多臺南南區人的早餐首選,每每在週末早上經過時,看見一圈又一圈的人潮包圍著店家,生意可是完全不輸一旁的麥當勞呢。

很多人以為臺南人早餐都是牛肉湯,或者鹹粥之類,其實並不是,生活類型與社會組成都已經全然不同以前農業時代的背景,方便又快速是現代人很講究的一件事,也因此,西式早餐有其存在的重要意義。

PART 壹 • 台南紳士ㄟ早頓

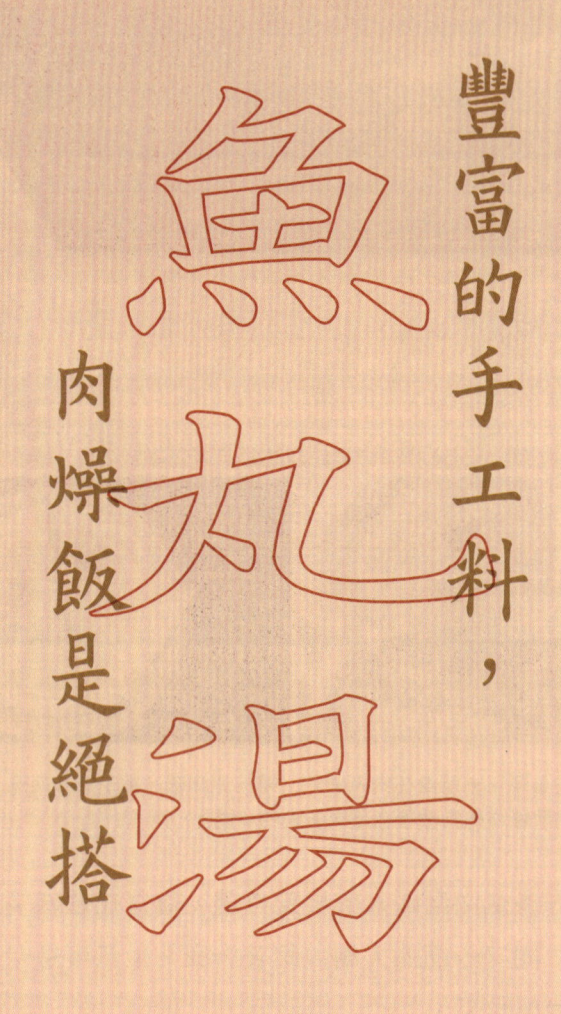

豐富的手工料，
肉燥飯是絕搭

魚丸湯

FISHBALL SOUP

臺南的早餐裡頭，魚丸湯絕對是極具代表性的，臺南的魚丸湯百花齊放，但其實都是系出同門，就是大家熟知的天公廟魚丸湯與中山路阿川魚丸湯。尤其天公廟魚丸湯整家店只賣綜合魚丸湯，一碗100元，沒有販售其他品項，頂多幫你加冬粉，乍看一碗一百很貴，但其實裡面有各式各樣的料，非常豐盛，可惜已於2015休業。

大家所熟知的永記、阿忠、川泰號及第三代魚丸湯等等，都跟這兩家有所淵源。

臺南的魚丸湯並不是只有魚丸而已，還有著眾多的配料，碗裡都是滿滿的手工料，再盛上熱湯，灑點韭菜珠，即是一碗標準的臺南魚丸湯。

07　川泰號

從湯料到肉燥飯、樣樣美味

Chuan Tai Milkfish Balls

| 這裏 | 台南市中西區大同路一段 222 號 |
| 有開 | 06:30~13:00 左右，售完為止 |

從前面提到的兩家老店開枝散葉出去的名店不少，再從這些名店自行開業的也有。其中川泰號，即是從中山路巷子裡的阿川魚丸湯分家出去的，口味與衛生都維持得非常棒，也因此，人潮始終絡繹不絕。

他的肉燥飯很好吃，先盛飯，再撒點香菜，之後才淋肉燥上去，香氣逼人。重點在於香菜要先灑，熱燙的肉燥淋下去才會逼出香氣，而這裡的白飯也煮得很棒，不會過濕，口感微Q。要吃之前，記得灑點白胡椒，才是臺南人的吃法。

綜合湯有魚皮（有裹薄羹），魚肚，蝦丸，肉餃、脆丸，個人喜好肉餃，以及臺南的脆丸（做成菱角狀的魚丸），每

● 這裡的肉燥飯完全不輸魚丸湯，非常好吃，撒上白胡椒更是府城的道地吃法。●滿滿一碗都是手工料，湯頭鮮美。

PART 壹 • 台南紳士ㄟ早頓

●這裡的燙青菜是絲瓜，清脆爽口。●乾淨整潔的店面，總是有著滿滿客人，店頭擺設也與阿川幾乎一致。

一種都很好吃，一碗雖然 120 元，但我是覺得挺實在的，每種都處理得很好吃。

想特別說的是，這裡的環境很乾淨，餐具都是瓷器以及不鏽鋼的，洗碗也有高溫的洗碗機，用餐起來很安心。補充一點，記得點滷蛋，這裡的滷蛋很香，跟肉燥一起魯得通透，非常好吃。這裡從開店以來的品質一直維持很棒，我想這是十分不容易的。

08 ———————————————————— 綜合必點、湯料澎湃

古早味魚丸湯

Kóo Tsá Bí Fish Ball Soup

這裏　台南市北區忠義路三段 27 號　MAP
有關　06:30~15:00，週五休

　　這家是自成一派的魚丸湯，位於熱鬧的鴨母寮市場旁，菜單的綜合湯非常澎湃。儘管這間店的外觀很不顯眼，但是客人川流不息，店名就叫古早味魚丸湯。

　　我都只點綜合湯，湯裡面料多豐富，小碗才 60 元；大碗 80 元。湯裡面有魚丸、純魚皮、裹漿魚皮、蝦丸、旗魚血合、旗魚皮及旗魚肉，會附上帶有薑泥的特製微甜醬油。

　　我想特別講一下裹太白粉漿的脆腸。這個配料的口感相當特殊，外表是滑嫩，但是裡面咬感十足，要咀嚼很久才可以吞下。我沒在其他地方吃過這種配料，極為有特色，可惜目前已停止製作。

PART 壹 • 台南紳士ㄟ早頓

　　還有旗魚肉與旗魚血合跟旗魚皮，曾經看一個日本節目說，血合肉其實比魚肉營養更豐富，我覺得吃起來口感很棒，也很喜歡這項配料，旗魚皮同樣是滑嫩好吃。

　　在臺南，如果湯先喝完了，直接端去老闆那，老闆會幫你再加滿熱湯，我覺得這一點一直讓我很感心。

●小菜檯也是精采繽紛。●小小的店頭，卻是鴨母寮市場的超熱門早餐店。

● 自成一派的魚丸湯,有著許多迥異於府城傳統魚丸湯的配料。

09 ──────── 熱情大方，限量魚腸錯過可惜

森（mori）魚丸湯、肉燥飯
Mori Fish Ball Soup & Minced pork rice

這裏 台南市中西區民權路二段二號　**MAP**
有開 07:00~13:30；16:30~19:30，週二休

　　這是一家非常新的虱目魚店，店的位置就直接開在中西區，著實蠻不容易的，畢竟中西區可是老店雲集的地區。店招牌有大大的一尾虱目魚，菜單很簡單，就是常見的那些，價格很平實。

　　森（mori）的魚腸真的夠新鮮，一絲絲怪味都沒有，又脆又鮮、魚肝又很滑嫩，真的很好吃，搭配一些肉燥、辣豆瓣、薑絲更提味，著實是產地專屬。

　　店家對湯類非常大方，所有配料都可以免費加，魚丸、蝦丸、魚冊、魚皮都是免費加的，湯喝完也是免費加湯，裡頭有灑上韭菜珠就是對味，算是誠意滿滿的一碗湯。

●限量的魚腸，真的一絲絲異味都沒有。●綜合湯真的很彭派，通通都有，所有配料都是免費加。

PART 壹 • 台南紳士ㄟ早頓

● 熱情大方，熱愛台灣的老闆。

這裡的肉燥飯也不錯，肥肉燉煮得軟嫩，滿滿膠質，再點一顆半熟蛋，讓蛋黃流洩在肉燥上，不管是口感或是香味，都的是無話可說的美味。

　　必須老實講，敢在中西區開一家虱目魚丸湯店，著實不容易，但我覺得他的味道不錯，老闆又相當親切，絕對可以立下自己的根基。

●一晚肉燥飯加一碗湯就是豐盛的一餐。●新穎的外觀，賣的卻是最傳統的魚丸湯。

在臺南吃肉燥飯時，習慣先灑一點白胡椒粉在上頭，要不要拌開則看個人，所以只要有賣肉燥飯的店家，通常備有白胡椒粉，也是府城的一個小特色。

PART 壹・台南紳士ㄟ早頓

樸實滋味，
一吃就上癮
菜粽

PEANUT ZONGZI

在臺南說到菜粽,可不是包了蔬菜還是素料,而是指包了花生的粽子。有些店家會把花生粉包裹在粽內;有些店家則是直接將花生粉灑在粽子上頭,不管是怎樣的呈現方式,菜粽就是單純只靠糯米與花生的單純美味,直拳對決,毫不囉唆。

販售粽子當作早餐的店家非常多,而且搭配的一定是味噌湯,我猜想,這應該是為了幫助消化。

吃菜粽通常會淋上醬油膏,而上頭除了花生粉,還有香菜,糯米表層沾附著淡淡的月桃葉香,是一種很質樸簡單的食物,也是臺南相當受歡迎的早餐選項之一。

10 郭家粽

GUO'S Zongzi

樸實滋味，引人逗留

這裏 台南市中西區友愛街 117 號 MAP
有開 06:00~14:00，週二休

　　這家老店隱身在友愛市場一角，近來因為友愛市場的再崛起，以及一旁友愛街旅館（U.I.J Hotel & Hostel）的旅客，所以這家老店也漸漸的紅了起來。很多年輕人以及外地朋友都會來這吃粽子，不時也會有外國旅人前來嚐鮮，有時各國旅人齊聚，大家一起吃著臺南傳統的菜粽，這畫面實在蠻有趣的。

　　一早的市場還沒那麼熱鬧時，這個角落卻已經有眾多食客在品嚐熱騰騰的粽子了。

　　郭家的菜粽跟肉粽都相當好吃，相較於其他店家，這裡的菜粽比較沒有那麼黏，花生粉是直接撒在上面的，個頭也沒那麼大，搭配一碗熱熱的味噌湯剛好。

●一顆粽子兩碗味噌湯，滿足。●總是笑臉盈盈的兩代老闆，縱使只是路過也都會打聲招呼。

057

●沐浴在晨光下的粽子,閃閃動人,垂涎欲滴。

●年輕老闆很熱情，對於台灣各地與外國旅客都很親切，也會提供旅遊資訊。

　　一般的味噌湯幾乎都是溫的，但這裡的味噌湯真的會燙，味道相對比較清爽，一碗10元，我一次都得喝兩碗才過癮。

　　兩代老闆都非常客氣，總是熱情的跟每位客人打招呼，週末的一早，常常可以見到許多比較年長的男性在這用餐。

透早起，才能有幸一嚐

明和菜粽
Minghe Peanut Zongzi

這裏 台南市中西區成功路 485 號　`MAP`
有關 05:30 到賣完，通常 7 點前就沒了，週一休。

說在前頭，這是一家超夢幻菜粽。

明和菜粽的營業時間短短不到兩小時，通常早上六、七點就賣完了，與一旁的阿得虱目魚不相上下，超級難買。除非很早起，不然大家趕赴現場時，通常只能見到「賣完了」的牌子，堪稱全臺南最難買到的菜粽！

不過，其實你可以前一天先打電話來預訂，老闆會幫忙保留。但是，請一定要來拿，因為大家講的是誠信。這裡的花生很飽仁大顆，非常好吃，糯米也軟糯紮實，粽子個頭比較大，花生粉是包在裡面一起蒸炊，不是灑上去的，搭配微鹹的醬油膏，真的很好吃。而配餐除了味噌湯，也有熱麥茶，一樣是能幫助消化的。

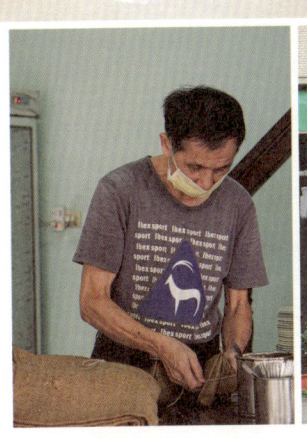

●這裡不僅粽子個頭大，花生顆粒也大，而且花生粉是包裹在粽子裡。●獨孤一味的老闆。●難得一見的店名招牌，因為大家總是看到賣完了的那一邊。●「賣完了」這個招牌，肯定是多數人對這裡的最大印象。

在臺南，菜粽通常是淋店家特製醬油膏，肉粽則是淋肉汁，之後再灑上花生粉與香菜，兩種粽子都有獨自的講究，我想這就是臺南，專注細節，毫不馬虎。

061

PART 壹 • 台南紳士ㄟ早頓

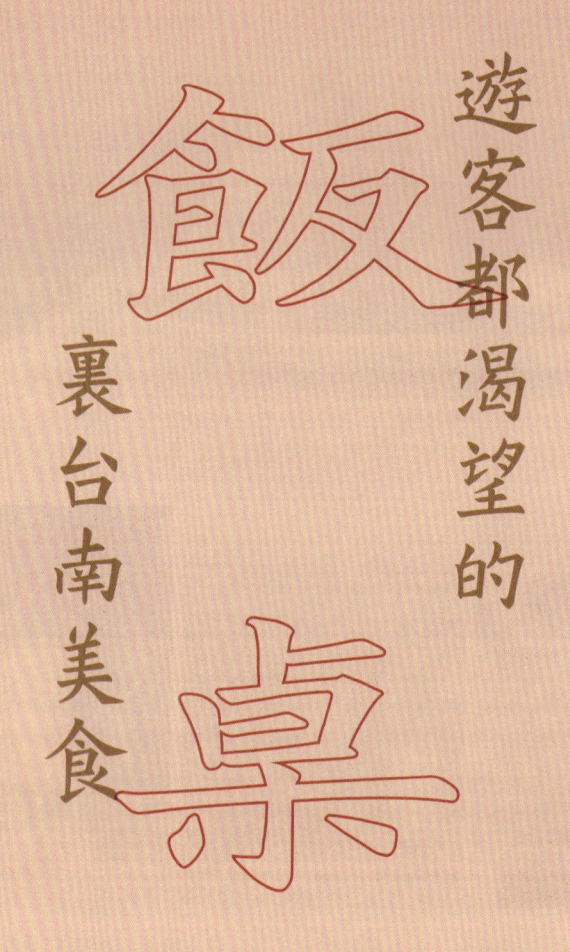

遊客都渴望的
飯桌
裏台南美食

TAINAN CAFETERIA

飯桌是臺南極為鮮明又獨特的早餐文化，依循著臺南人對吃的講究，以及愛吃魚的習慣，所以在虱目魚這個大系統之外，飯桌文化則是另一個鮮魚的大分支。

飯桌除了各式鮮魚，紅燒、清蒸、塩沁、香煎，一旁還會有現炒的時令蔬菜，以及各家的特色小菜。大家通常都是先選好魚，然後再吩咐要那些蔬菜，再叫一碗肉燥飯，就可以上桌等待了。

因為每天青菜與鮮魚都不一樣，所以我總是習慣直接去檯前看東西點，店家也會推薦今天比較好吃的菜，還是特別的海魚等等。我真的非常推薦這樣點菜，可以嚐到許多特別的菜色。

點魚時，直接問清楚多少錢，接受就點，不接受就點別的。因為每天的魚都不同，頭尾身價格也不同，也是可以問清楚多少錢再決定要不要點。飯桌的小菜都是一小碟一小碟上菜，兩個人去吃的話，有時就會有滿滿一桌的澎湃畫面，然後結帳時，一個人卻只要一、兩百元，你說怎麼能不愛飯桌呢？

來臺南吃飯桌，我覺得是很能體驗臺南在地文化的方式之一，不僅能享用傳統臺南口味，還能觀賞老闆的俐落手腳，以及老客人跟店家之間的有趣互動。

12 基明飯桌

水準之上，嗜魚饕客的天堂

Jiming Cafeteria

這裏 台南市中西區友愛街 206 巷 6 號　MAP

有關 07:00 到中午左右，太晚來就沒啥菜了，週六、日、一休。

　　在臺南提到飯桌，絕對不能錯過基明，因為他是臺南飯桌始祖的徒弟，也是許多老臺南人的愛店，更因為週休三日，所以對於外地旅客也有一定的朝聖難度。

●左：這裡的鮮魚絕對是招牌，新鮮而且塊頭大，價格又合理。●上：彩色燈罩是一個很鮮明的記憶點，五彩繽紛，猶如它們照亮的各式鮮魚。

065

這裡是愛吃魚的人的天堂，種類繁多，各種烹調方法都有，超級新鮮，一律時價，點之前可以問價格再決定。常見的皇帝魚、鮸魚、鮭魚、帕頭、炎光、旗魚、草魚都有，只要是當季的都會出現。用餐時還會附上一碗熱魚湯，然而縱使是免費的湯，也是甘甜美麗，愛吃魚的人，真的會有選擇困難。

　　檯面上的蔬菜也都有細心處理，該怎麼切、怎麼烹煮、怎麼調味，都是很細膩的。蔬菜炒得好，也選的好，不會炒得

老老的，爛爛的，也不會吃到刮嘴的菜，調味合宜，價格不高，雖然選擇不多，約莫十來種，但絕對都是水準之上。

　　當榮盛米糕和阿財點心正要迎接中午的用餐人潮時，殊不知，基明飯桌已經要收攤了，這或許是老一輩生意人的默契吧，互不搶彼此的生意。

　　基明、榮盛和阿財，真可謂康樂市場的鑽石三角。

13 ── 師傅功力高超，小菜魚料樣樣精彩

福泰第三代飯桌
Futai 3rd Cafeteria

這裏 台南市中西區民族路二段 219 號
有關 10:00~13:30；16:00~18:30，週日、一休。

　　福泰應該是目前臺南飯桌店之中，環境第一名的店家。除了東西好吃、有冷氣，環境也相當乾淨，最重要的就是，他仍然保有臺南傳統飯桌的點餐方式，滿滿人情味。當然，食客也可以用旁邊點菜單點菜，但是菜色會少很多，因為菜單上只有固定的菜色而已。

　　這裡真不愧是老店，師傅功力真的強，不管是什麼青菜，就是好吃，該脆的脆，該軟的軟，該嫩的嫩，真的處理得很棒。而其他小菜，也是樣樣好吃，椒麻豆腐、豬腳、控肉、瓜仔肉、紅糟肉、金沙小卷……等等，我都很喜歡。

　　而鮮魚因為每日不同，請直接問服務人員，他們會推薦你適合的吃法。如果點魚，通常會把魚跟湯分開上，魚上乾盤，

● 一個人吃飯桌也可以這麼彭湃。 ● 這裡主打鮮魚，每日不同，也是府城飯桌一大特色。
● 各式小菜處理得宜，也整理得非常乾淨。

湯是煮這魚的魚湯，所以非常鮮美。檯面上也會有一些常見的鱈魚、吳郭魚、帕頭啊等等，以乾煎，煮醬油糖等不同手法料理，特別的海魚會另外寫在黑板上，如：三角啊、澎湖小石斑等等。福泰的外帶與內用人潮相當驚人，營業時間未到就開始排隊了。

14 — 新興飯桌，價格透明、品質一流

詹記－家常飯桌鮮魚湯
JHAN's Cafeteria & Fish Soup

這裏 台南市東區東安路 59 號
有開 11:00~13:30；17:00~19:00，週日、一休。

這家新型態的飯桌開業才一年多，而且還不是開在舊城區，但卻能馬上擄獲不少美食界大前輩的心，用餐時刻也是人山人海，的確有其堅強實力。

詹記的招牌自然是每日鮮魚，由於女老闆家就在市場販售鮮魚，所以對鮮魚的專業知識與烹飪技巧，是她們的一大優勢。這裡的鮮魚有各種調理方式，這是我很喜歡的一點，不再只有香煎與薑絲魚湯，味覺會有比較多的驚喜。

此外，所有價格也都寫在白板上，一清二楚，自己能夠接受再點。而且他們的鮮魚品質真的一流，所有食物也都擺放在乾乾淨淨的玻璃櫥裡，全程皆由店家夾取，相對比較衛生，也是不同於府城其他傳統飯桌的一大特點。

●定番的鮮魚湯湯頭,醇厚有層次。●這裡的鮮魚種類實在很豐富,更換速度也很快。●整齊清潔的檯面,讓人吃得很安心。

　　這裡的鮮魚種類真的不少,會依照每日採購魚種的不同來變更烹調方式,鮮魚種類更換速度快,是一大特色,加上價格標示得一清二楚,讓客人點菜時不用擔心。

　　有時也會出現比較特別的珍味,例如紅燒鱸魚卵。陳列一旁的現炒時蔬也都處理得非常細緻,可依照人數點大份或小份,味道清爽乾淨,想必在食材挑選上相當用心。

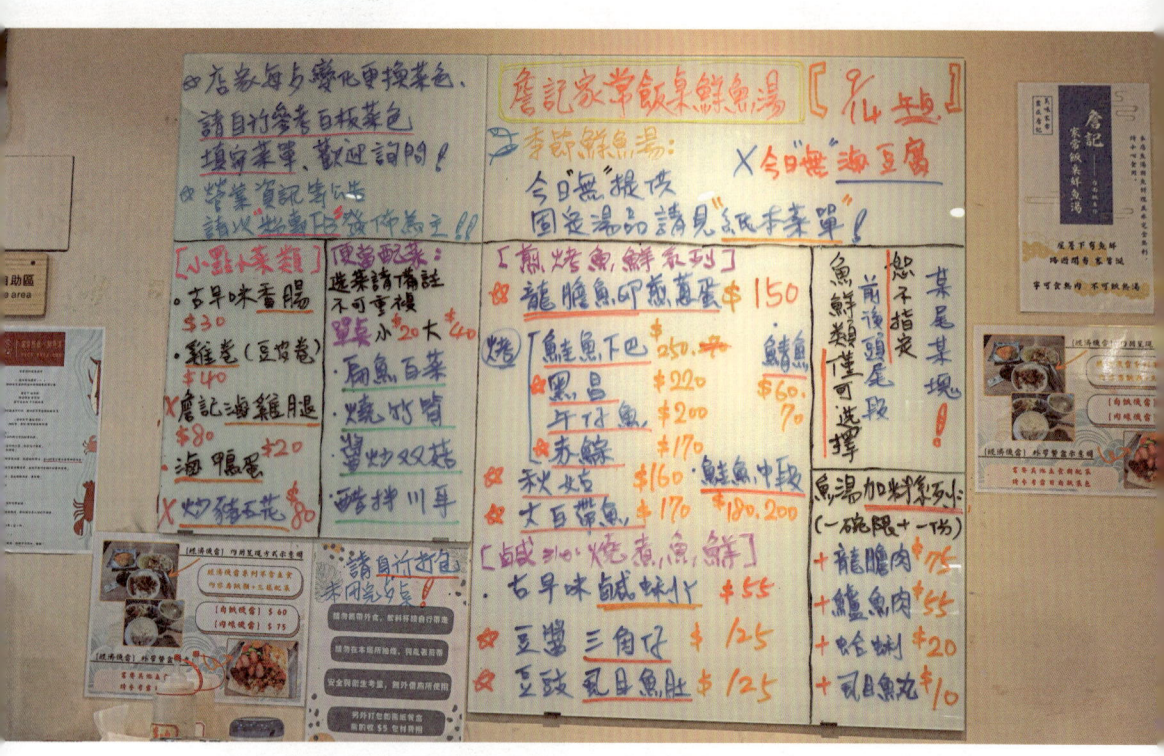

●密密麻麻的菜色，幾乎每日更換，絕對不會吃膩。

　　招牌魚湯份量不少，除了石斑鱸魚魚片之外，裡頭還有蛤蠣增加鮮味，也有魚丸增添飽足感。湯頭也是精心熬煮，魚鮮湯也鮮，算是一碗誠意滿滿而且層次感十足的鮮魚湯。

　　用餐環境相當乾淨，廚房是開放式的，所有器具都擺放整齊，擦拭得亮晶晶的，餐具也都選用瓷器，用餐起來就是安心。

　　雖然是一家幼幼班，但已經在臺南迅速站穩一席之地了，相當厲害。

●縱使一個人也可以吃得很豐盛。 ●新型態的飯桌，一開幕即擄獲眾多老饕的心。

飯桌，是臺南最貼近生活的早餐用餐方式，環境很親民，魚肉菜也都很新鮮，點菜也是全客製化，我覺得是很能代表臺南的一種庶民美食，外地朋友有機會的話，真的很建議來試試。

飯桌的價格，豐儉由人，看自己的錢包，海魚相對是比較貴，而來飯桌就好像來老朋友家吃飯一樣，吃得安心，吃得美味。

我覺得臺南飯桌，是一種非常特別的文化，應該可以算是無形文化遺產，值得我們好好保存下來，不只是點菜方式，還有其中種種的傳統煮食方法，也是值得一直流傳下去。

PART 壹 • 台南紳士ㄟ早頓

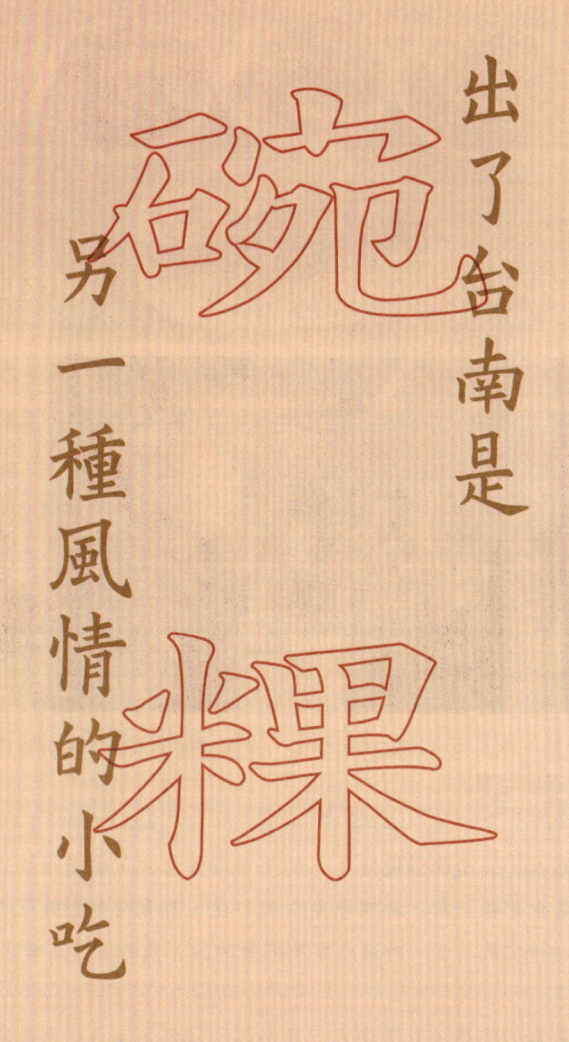

碗粿

出了台南是另一種風情的小吃

SAVORY RICE PUDDING

在臺南的早餐裡，我覺得碗粿是一種吃飽也吃巧的選項。除了有構成碗粿主體的澱粉，裡頭還有豬肉與蝦，有的還有香菇與蛋，搭配的魚羹是魚肉與筍絲，其實是蠻均衡的飲食。但出了臺南之後，其他地區的碗粿就與臺南截然不同了，而我其實也吃不太習慣臺南以外的碗粿。

臺南的碗粿在蒸炊之前就會在米漿拌入肉燥，也因此，整體是呈現暗褐色的，單吃就非常有味道了，再淋上每間的獨特醬汁，與些許的蒜泥與辣椒醬，搭配起來真的很過癮。

而在臺南，販賣碗粿的店家何其多，散佈在舊城區與舊縣區裡，其實其作法都是大同小異的。

15　上舜碗粿

口感偏紮實，魚羹味鮮務必加點

Shangshun Wagui

> 這裏　台南市中西區開山路 9 號　MAP
> 有開　07:30 到下午賣完，售完時間不定，可電話預留，週二、三休。

　　上舜就在臺灣文學館附近，開山路頭，很好找，只賣碗粿跟魚羹，都是 35 元。碗粿就在後頭蒸炊，口感是我喜歡的微紮實，比「一味品」更 Q，吃得到微微米香，是有加肉燥汁的傳統臺南碗粿，裡頭有整塊豬肉、香菇和鹹蛋黃，醬汁比「一味品」淡，但又比「老古石」濃一些，桌上一樣有新鮮蒜泥跟辣椒醬可以加。

　　而我覺得這家的亮點是魚羹，羹湯看似清淡，實則味鮮，佐以一些烏醋，超棒。而羹最怕太濃稠，但上舜的勾芡剛剛好，多一分則太稠，減一分則太稀。魚羹口感紮實，鮮味十足，整整六大塊，很飽嘴，非常好吃。以我目前吃過的碗粿店的魚羹中，這家應該是我的最愛了，實在很合我的味口。

● 吃碗粿就是要搭配魚羹，這裡的魚羹真的讓人驚豔，不管是羹的勾芡濃淡，還是魚羹的口感，都非常完美。● 上舜位於開山路上，會來的客人多半是在地人。

在臺南碗粿名店眾多的舊城區裡，上舜碗粿依舊能夠屹立不搖，贏得眾多在地臺南人的喜愛，肯定有其道理的。

077

16 一味品

肉汁香味四溢，醬汁極富特色

一味品

Yiweipin

這裏 台南市中西區國華街三段 177 號　MAP
有關 05:30~17:00，售完為止，週二休

「一味品碗粿・魚羹」是我從老闆娘自行開店後就一直吃到現在，算一算也吃了好幾百顆吧，真的是再熟悉不過的味道了。不管是平日還是假日，總是有排隊人潮，大嗓門的老闆娘儼然成了活招牌，我想有眾多食客都是因為老闆娘而跟著轉移陣地的吧。（「一味品」與同在國華街上的「富盛號」師出同門）

這裡的碗粿就是很標準的臺南口味，充滿肉汁香味的碗粿本體，裡頭還有大塊豬肉與鮮蝦，最特別的是，醬汁還有哇沙米這個選擇，看似衝突，但吃久也就習慣了。

一樣是搭配魚羹，但比起「上舜」，一味品的羹湯較為濃稠，加在羹湯裡的薑絲的數量也不少，口味更為厚重，但魚羹一樣大塊且多，完全不小氣。

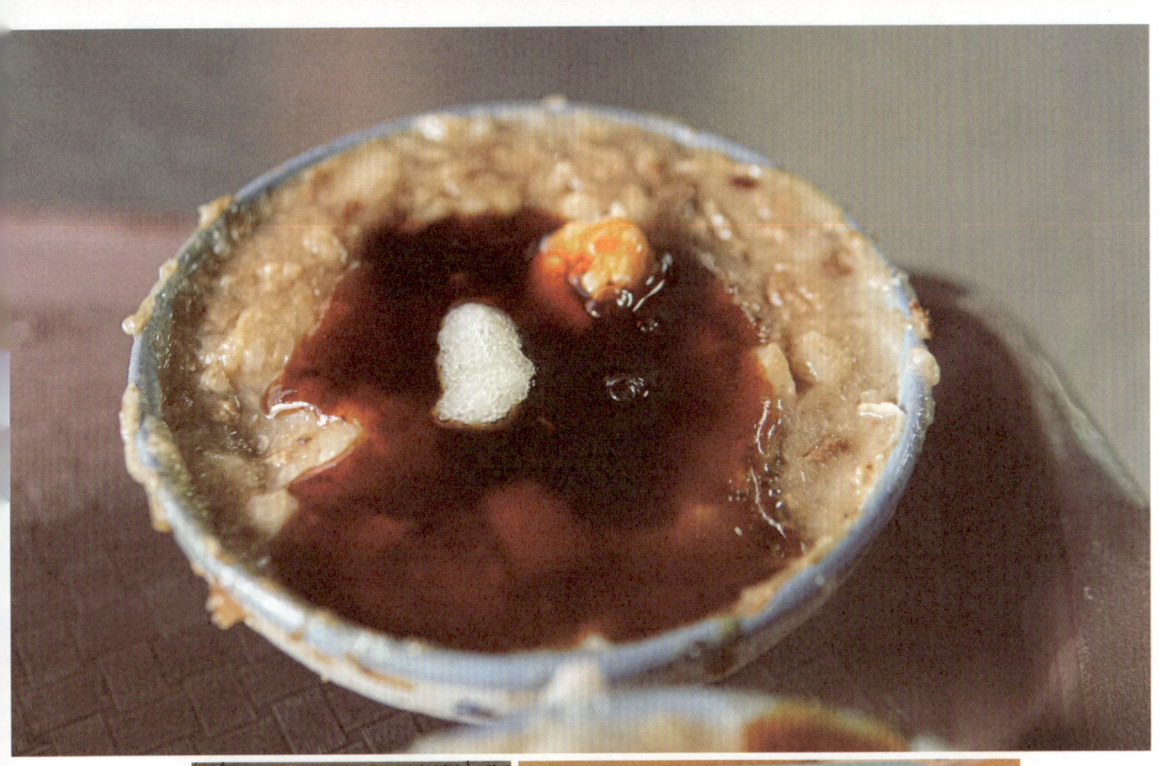

● 很標準的府城碗粿，裏頭有著各種配料。● 小小的店面，卻是國華街最熱門的店家之一。● 一味品的碗粿算是重口味，也可以搭配各式調味料。

吃碗粿不要急，通常店家蒸起來之後，都會先放涼再販售，這時的口感才會 Q 彈有勁，而不只是軟爛。

PART 壹 • 台南紳士八早頓

喚醒府城遊子的
鄉愁滋味
鍋燒意麵
NABEYAKI EGG NOODLES

在臺南，鍋燒意麵是可以從早餐一路吃到晚餐的，而且早餐就賣鍋燒意麵的店真的非常多。一般常見的西式早餐連鎖店，菜單一定會有鍋燒意麵的這個選擇，也有一早就賣鍋燒意麵的專賣店，鍋燒意麵確實是臺南早餐的一個大特色。

可能是入行門檻相對比較低，所以這幾年以來，臺南的鍋燒意麵專賣店越開越多，甚至還躍上了米其林必比登的名單，而這些新開的鍋燒意麵店，也完全跳脫了傳統的樣貌，不只口味有多種選擇，配料也越來越浮誇。但講一句老實話，我還是鍾情於最傳統的那一種鍋燒意麵。

鍋燒意麵是一種吃巧不吃飽的餐點，單純不複雜的組成，才能吃出精髓所在。稍Q不軟爛的油炸麵體、傳統柴魚湯頭，就是臺南鍋燒意麵王道。

17 — 從意麵到茶飲，樸實古早味

荷芽茶飲 / 鍋燒食堂

Heya Tea Shop/Pot Noodle Place

> 這裏　台南市中西區國華街三段 162 號　MAP
> 有開　07:00~17:00，週一休

　　這是市區裡，我最常光顧的鍋燒意麵店。位置就在臺南美食超一級戰區，國華街民族路口，有名的修安豆花正對面。店頭不起眼，但是非常整潔，麵跟冷飲都很棒，大俠隱於市。

　　先說麵，我最推薦意麵，很有口感，但不是硬，泡在湯裡也不會爛。問了老闆娘，說是特製的，是我很喜歡的意麵口感。湯頭是傳統的柴魚高湯，而炸物是兩片魚片，有事先調味了，吃起來很好吃，單吃就很棒。其他配料還有半熟蛋、傳統魚板、麩、小白菜，是很適合當早餐的一碗鍋燒意麵。

　　想特別說明一點，這裡煮麵的環境，乾淨到不可思議。所有檯子、玻璃跟鍋具都乾淨到發亮，物品與食材也是擺放得整整齊齊，全部一塵不染，煮油湯的環境能這麼乾淨，我著實相當敬佩。

●配料有炸魚、雞蛋、魚板、小白菜、麩；麵體選雞絲麵或意麵，加上柴魚湯頭，如此簡單的組成卻是好吃的關鍵。●吃了這麼多年，永遠都是一塵不染。

PART 壹 • 台南紳士ㄟ早頓

●店面位於府城美食一級戰區國華街上，大概是附近名店太多了，這裡很容易被錯過，但卻是整條國華街我最常消費的一家。

再說冷飲，她們有一系列手工熬製的果醬，百香果、鳳梨、桔醬……然後搭配茶飲。而不同的醬，會用不同的糖去熬，好突顯該水果的香，我喝過好幾種，都非常喜歡。他們甚至連愛玉都自己洗，天然又好吃。茶飲老闆娘是臺南手搖飲的元老級人物，對自己的飲品很有自信，我也相當喜歡。

●我總是點一碗鍋燒意麵加一杯紅茶。 ●傳統的鍋燒意麵裡都有麩，但現今的鍋燒意麵卻很難看見。 ●永遠都是乾淨到發亮的料理檯。

18 — 人氣店別太晚去，加點雞絲更美味

林媽媽鍋燒意麵

Auntie LIN's Nabeyaki Egg Noodles

> **這裏** 台南市麻豆區復興街 32-1 號
> **有開** 06:00 到售完，通常還沒 12 點就賣完，週一休。

　　林媽媽鍋燒位在麻豆，是我非常喜歡的一家鍋燒意麵，生意極好，週末都不到中午就完售了，如果想吃的話，記得要早點來。

　　來這裡，我喜歡吃意麵加雞絲，麵不會爛，這點很重要。此外，搭配的豬肉很新鮮，一入口就知道，好比「福記肉圓」裡的肉塊，新鮮彈牙。而湯頭也很棒，使用比較特別的豬骨湯頭，有異於市區多數店家的柴魚湯頭，配料有菜、肉、蛤蜊、丸子及蟹肉棒，也可到佐料區加一點沙茶或辣椒提味。

　　雖然不是傳統式的鍋燒意麵，整體搭配起來卻十分均衡，所以儘管離市區遠了一點，只要來麻豆，我都會選擇來這裡吃早餐。縱使臺南舊城區的鍋燒意麵店非常多，但我覺得林媽媽實在很強，滋味總讓人回味不已，太晚去還吃不到。

●與市區不太相同的組成，但著實美味。●相當實惠的價格，也有提供 DIY 組合。●生意興隆，店頭永遠大排長龍。

吃這種熱湯麵，切記，一定要在現場吃，湯燙麵 Q，才是最完美的享用狀態。

PART 壹 • 台南紳士ㄟ早頓

台南人不外傳的鮮魚湯

巷口美食

FISH SOUP

臺南人很愛吃魚，也很會吃魚，對於魚湯的講究程度，遠遠超過牛肉湯，各式各樣的魚湯店散佈街頭，各擅勝場。

　　一早，想在臺南吃到一碗熱騰騰的鮮魚湯，真的不是難事，不管是常見的鱸魚石斑湯，還是飯桌的各式鮮魚，我們總是能在府城街頭找到自己喜歡的鮮魚湯店。

　　鮮魚湯講究的就是鮮度，也因此，開店前的採買與備料就顯得格外重要。半夜採買完之後，就是一連串的備料工作，殺魚、片魚、熬湯⋯⋯等等，完全馬虎不得，也無法偷懶。

　　很感謝眾多店家的努力與堅持，才能讓大家在一大清早就有熱騰騰的鮮魚湯可以享用。

19 余家水仙宮三兄弟鮮魚湯

大量海魚爲特色，記得先詢價

Yu Brothers Fish Soup at Shuixian Temple

| 這裏 | 台南市中西區國華街與民權路口 MAP
| 有開 | 06:00～20:00，週一休

　　三兄弟除了一般常見的鱸魚、石斑之外，冰櫃裡還有各式海魚可以點，點這種不在菜單裡的東西，請直接跟老闆問清楚，處理好之後大概是多少錢，自己可以接受的價錢再點。

　　問價錢的同時，也可以請教老闆處理方式，或許是乾煎、或許鹽沁、或許煮薑絲魚湯……等等。這樣既可以清楚的知道價錢，也可以吃到最適當的處理方法。千萬不要不好意思，因爲魚通常是算兩的，而我們壓根不清楚一尾魚大概是多重，所以根本無法估算價格。因此，直接問清楚是最好的，也能避免任何糾紛。

　　這家魚湯與其他店有做出明顯區隔，就是有著大量的海魚。這點很吸引人，因爲其他魚湯店大概就是只有鱸魚跟石

●很難想像這是早餐就有的鮮魚湯規模,各式鮮魚一字排開,好似一早就在海產攤吃飯一般。 ●不同於一般市面的鮮魚湯,這裡一早就有現煎的各式海魚。●爆炒火燒蝦也是越來越少見的珍饈,也是這裡的隱藏菜色,不是隨時都有。●薑絲魚湯也有各式選擇,不再只是鱸魚跟石斑,對於愛吃魚的饕客們,著實是個佳音。

斑,由於選擇性多,很適合喜歡愛吃魚又愛嚐鮮的人。

我在三兄弟吃過各式各樣的海魚,甚至連炒火燒蝦都嘗過,真的是深藏不露的一家鮮魚湯店,有點像一早就去海產攤的錯覺,他們一家人都非常客氣,雖然每天都要面對源源不絕的客人,但永遠都是笑臉以對,這點真的很棒。

PART 壹 • 台南紳士ㄟ早頓

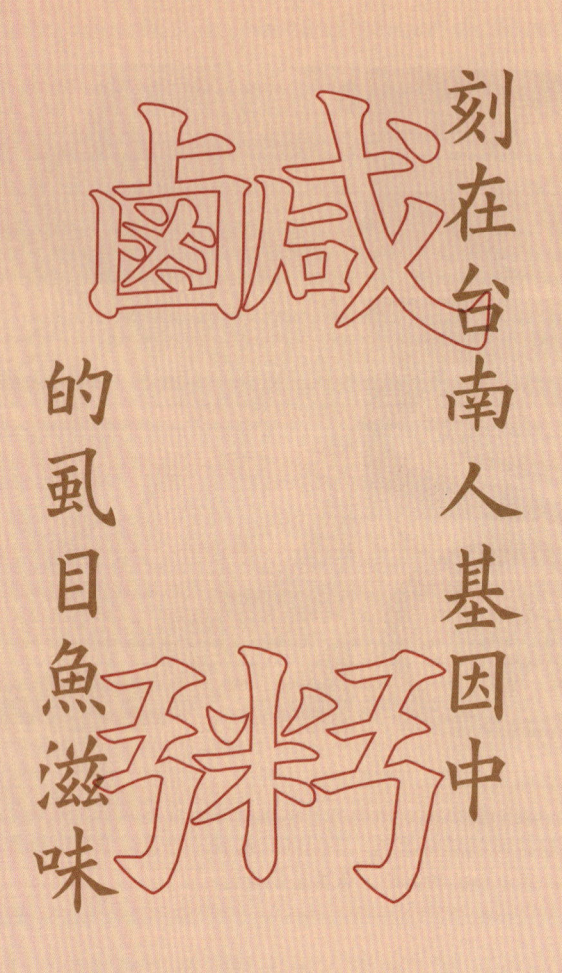

鹹
卤
粥
米

刻在台南人基因中
的虱目魚滋味

SAVORY CONGEE

說到臺南的虱目魚，真的頂港有名聲，下港上出名，臺南人吃虱目魚是出了名的厲害，處理虱目魚的功夫也是出神入化。也因此，能夠在臺南市存活下來的虱目魚店，都不只有兩把刷子而已，每間都是一等一的高手。

有些店家是自行處理，然後就近於店頭烹煮販售；有些則是有配合的商家，但不管如何，在臺南吃到的虱目魚絕對是最新鮮的，這點毫無疑問。

我從小就是吃虱目魚長大的，我媽媽每個週末總是用黃色的醃脆瓜煮虱目魚湯給我當早餐，配著稀飯，唏哩呼嚕吃得碗底朝天，所以我對虱目魚一直有獨特的記憶存在。

要從多如繁星的虱目魚店裡挑出喜歡的來介紹，著實是一門大學問，畢竟厲害的店家實在太多了。

20 — 米粥、湯頭和魚肉，比例均衡的溫暖美味

阿星鹹粥

Ahsing Savory Congee

這裏 台南市中西區民族路三段 289 號　**MAP**
有關 06:00~14:00，週一休

　　阿星是我在市區最常光顧的店，我總是點虱目魚粥加半份魚腸，再加一根油條。吃粥之前，習慣灑一點白胡椒增香。

　　這裡的粥算是濃稠的那種，米粒也比較糜爛。一碗粥裡頭有魚肉、魚皮、鮮蚵、少量的魚肚細條、再加上加點的魚腸，不只份量，種類也很豐富。一大早來上這麼一碗，真的非常舒服，也非常飽足。

　　臺南所有虱目魚店的魚腸都是限量的，要早點來才有。魚腸吃的是口感，以及那微苦的風味，尤其是魚肝，真的豐腴滑嫩，好吃得不得了，人間美味。我相當喜歡阿星鹹粥整體的搭配，料可能不似其他名店的鋪天蓋地，但粥與湯與魚肉搭配起來就是很均衡，吃完總是覺得滿足，也感謝店家大半

● 鹹粥加半份魚腸，再加一支油條是我的標配。● 每日現場處理的虱目魚，新鮮度絕對一流。● 昂然屹立了五十個年頭，阿星鹹粥也從在地人的美食名單走向了國際的必比登名單，但他們依舊堅持著品質，未曾改變。

夜就開始處理了，我們才能在萬物初醒時，即可享受到這一份溫暖的美味。

身體微恙，又或者傷病剛癒後，我很喜歡來一碗阿星的虱目魚粥，總覺得口味溫和，口感溫順的熱魚粥，能夠好好地修復我的身體，加上虱目魚是十分滋養的魚類，吃了一碗，身心靈似乎都得到了徹底的滿足。

21 鄭家虱目魚粥

生米熬煮粒粒分明，湯頭鮮醇

Jheng Family's Milkfish congee

這裏　台南市中西區民權路四段 311 號
有開　07:00~13:30，週一休

　　鄭家是由傳說中的「阿憨鹹粥」的親戚開的，阿憨就是從前在「米街廣安宮」前以賣鹹粥聞名。鄭家的粥很特別，是由生米熬成粥，所以粒粒分明、口感十足，與臺南其他飯湯式的鹹粥的口感完全不一樣，米粒也不一樣。這裡的湯十分美味，我很喜歡，沒有那麼白稠，但味道非常鮮醇。而粥的份量不算大，魚肉不強調大塊，反而都小小的，口感非常的嫩。

　　肉燥飯也很特別，幾乎都是瘦肉，從以前就是這樣，飯煮得很棒，吃起來的感覺，與臺南其他店家完全不同，不強調油香黏嘴，而是在於醬香肉香，不加白胡椒也行。

　　如果不想在市區排隊，推薦給大家這個口感與市區老店完全不同的虱目魚粥。

● 鹹粥加油條幾乎是府城人吃鹹粥的標配，跟著肉燥一起滷的滷蛋也是美味。● 總是一人忙進忙出的老闆。● 與府城其他家鹹粥全然不同的外觀，看似湯清實則味濃，鮮味十足。
● 這裡的肉燥也非常特別，全部都是瘦肉，不撒白胡椒也好吃。

PART

貳

台南紳士ㄟ伴手

GIFTS

in

TAINAN

關於臺南伴手禮……

身為重視禮數的臺南人,不管是拜訪朋友,還是外縣市朋友來訪,又或者與新朋友見面,我總是不忘帶點伴手禮給對方,之前每每為了伴手禮傷透腦筋,但長年下來,也逐漸建立了自己的一套名單。

當然,當時心中首選就是眾家老店的美食禮盒之類,畢竟吃吃喝喝還是大家最喜歡的。可是幾年下來,眾多包裝優美的禮盒,雖然看起來很體面,但總覺得很難讓人留下深刻印象,也有點辜負了自己的心意,也開始思考是否有更促咪的伴手禮。

因此,我挑選伴手禮的重點擺在店家有強烈自我特色,且能夠與臺南有深刻記憶連結的產品。再來,還要方便攜帶且免冷藏(讓對方不用在旅程中擔心存放問題,以免心意反而造成困擾),當朋友回到家之後,享用這些點心,或者使用這些產品時,都還能夠想起臺南,都還能隨時保有當時來臺南的旅行情緒,就是我選擇這幾家的最大原因。

好比香蘭,幾乎完全與臺南劃上等號了;
好比錦源興,眾多臺南獨有的印花,也是過目不忘;
好比農會超市,種種獨家商品,一看就知道臺南來的;
好比川庭屋,一看就與府城宮廟馬上有了連結;
好比葡吉,看到羅宋就是想到臺南。

能夠瞬間與臺南有所連結,就是我挑選這些店的重點所在,不僅只是吃吃喝喝,更希望在日常生活裡,也能享受臺南的人情甜,回味不已。

22 ── 且吃且珍惜的傳統點心

川庭屋

Chuantingwu Dessert Shop

這裏 台南市中西區觀亭街 63 號（如果沒人，可以去 77 號） **MAP**
有開 09:00~19:00，無休

　　川庭屋是一家極為低調的老店，外觀就是民宅，完全看不出來已經經營幾十年了。販售的東西正是大家去廟裡頭拜拜時，會出現在供桌上的那個小糕點，以前臺南最有名的是「富香齋」，位於西華南街的「艾咖啡」旁邊，騎樓柱子還可以看到當時的品項字樣，但早已於 2015 年歇業。

　　而另一家就是川庭屋，位於成功路大觀音亭正前方的觀亭街，從大觀音亭走過來，右手邊的一戶民宅門口，低調的用木牌掛著一個「糕」字，就是這裡，完全沒有招牌，直接推門入內即可。

　　販售品項只有塩糕跟綠豆糕兩種，一小包有十塊，一包是 60 元，成分天然。塩糕就是由米麩、麥芽、砂糖、芝麻、塩

●就是興濟宮的這個糕仔讓我尋找到川庭屋這家超神祕的老店。●唯一招牌只有這個小木板，沒人帶路的話，絕對不會知道這裡藏著一家老店。●若63號沒人，請到77號，一樣只有一個小紙牌。

PART 貳 • 台南紳士ㄟ伴手

●在城區老柑仔店偶見川庭屋糕仔的蹤跡,驚喜不已。●興濟宮的石獅子口中也有糕仔,據傳是為了讓小孩們跟石獅子一樣強壯。●簡樸的工作室,跟外觀一樣低調。

製成；綠豆糕則是綠豆粉、麥芽、砂糖、米麩。真的相當天然，適合配茶或者咖啡，是很棒的茶點。

塩糕的口感一咬下去是微硬，但緊接而來的是鬆綿，剛入口是微甜，待糕體整個化開之後，尾韻帶有微微的鹹味，隱約還有芝麻的香味；而綠豆糕口感非常細緻，幾乎入口即化，帶著相較於塩糕更明顯的甜味，非常高雅細膩。

這種糕仔沒有爆炸性的美味，也沒有甚麼文青的包裝，只用紙張包著，卻很樸實、耐吃、餘韻舒服，是相當傳統的老味道，吃完也沒有任何負擔。而這種糕仔，一定要趁新鮮吃，放久會受潮，口感會越來越硬，失去了糕仔那種鬆綿的特性。

老實講，這種小糕點不知道何時會停業不做了，就像民權路的新裕珍餅舖（約於 2022 年歇業），也是突然之間就成了回憶，真的要且吃且珍惜。

各家宮廟皆有自行配合的糕仔店，口感與味道大同小異。當初是在「興濟宮」嚐到了綠豆糕，才讓我想挖掘出這家糕仔店的由來，找到了川庭屋之後，也成了我長年送給外地朋友的獨特伴手禮。

23 ── 品質有保障，挖寶好去處

台南市農會超市
TAINAN Farmer's Supermarket

這裏 台南市東區林森路一段 341 號
有關 09:00~21:30，每月盤點日公休（盤點日不固定，另行公告在店門口）。

　　位於台南市東區的農會超市，長年以來一直是我很愛尋寶的地方，因為是農會直營，有些還是與學校產學合作推出的，因此品質有保障，也有許多市面相當少見的產品，送禮自用兩相宜。

　　超市內除了有生鮮蔬果、有機區、一般的雜貨食品之外，我覺得最大亮點就是由台灣各區農會所自行推出的各式商品，產品的內容包羅萬象，不只有食品，也有各式日常用品。

　　自從升格之後，目前台南市總共有 37 個行政區，正因為多元的地形與廣闊的平原，造就了極度豐饒的文化與物產，每一個區都有自豪的農特產品，四季更迭之下，也會有不同的特產。在各區農會的努力之下，推出了一項又一項的精美

●樸實無華的外觀,卻是我很愛撈寶的地方。 ●現場也有許多生鮮蔬果可以購買。

107

●①麻豆—柚花淨白潔膚皂 ●②下營—鵝肉鬆

商品，不僅好吃好用，有些包裝還頗富設計感，買來送人也相當體面。

當然，每個人的口味喜好不同，這是非常主觀的事情，但以我長年消費的經驗而言，確實有幾樣商品格外受到朋友的歡迎：

① **麻豆農會———柚花淨白潔膚皂**
　這是我每次來農會超市都會購買的商品，有添加柚籽精華，泡沫非常細緻，洗起來也很溫和，散發著淡淡的柚香味，洗臉或身體都可以，算是家裡的常備品。

② **下營農會——鵝肉鬆**
　下營的特產其實蠻多的，除了鵝肉，還有蠶絲、黑豆、文旦。而下營農會所生產的 A 贏鵝肉鬆，也是我很喜歡的伴手禮，外頭常見的不外乎豬肉鬆與虱目魚鬆，鵝肉鬆著實罕見。由鵝肉大產地所製造的鵝肉鬆，品質一定是有保證的，不管是配白粥、夾在吐司，或者單吃都很適合。

③ **西港/安定農會——國產芝麻粉**
　西港、安定、善化是國內的最大的胡麻產地，而由西港與安定農會所生產的純芝麻粉絕對是品質一流的高級品，拿來泡牛奶、豆漿、優格、做烘焙等等，都非常適合，而黑芝麻

PART 貳 • 台南紳士ㄟ伴手

●③西港／安定—國產芝麻粉 ●④玉井—芒果干 ●⑤新市—毛豆莢

富含鈣質,是補充鈣質的聖品。

西港農會所經營的餐廳,也有許多運用麻油的餐點,也是非常推薦。

④玉井農會──芒果干
眾所皆知,玉井盛產芒果,而由玉井農會所製造的芒果干,沒有不好吃的理由,我個人偏好不加糖的,更可以嚐到芒果的濃郁香甜味。老實講,芒果干真的很涮嘴,一吃就停不下來,我常常買來送給朋友,尤其是日本朋友,更是喜歡得不得了。

⑤新市農會──毛豆莢
新市盛產毛豆,而新市農會的冷凍毛豆莢,在採收四小時之內就包裝冷凍完畢,完全鎖住鮮甜,吃的時候,只要放置室溫一小時即可,每一個毛豆莢都很飽仁,不管是單吃或者配酒都非常適合,在炎炎夏日裡,簡直是搭配啤酒的不二良伴。

當然,除了以上列舉的商品,農會超市還有眾多優質的農特產品。臺灣的農漁業非常厲害,可以生產出多樣化的產品。挑選幾樣帶走,旅遊回到家之後,還是能夠好好品味來自臺南的感動,真的很棒,這也是我推薦台南農會超市的原因。

㉔ 香蘭男子電棒燙

紅到國外、台南紳士必備的時尚潮牌

Tainan・Kouran

這裏 臺南市中西區國華街三段 123 號 193 室（永樂市場二樓） **MAP**
有開 13:30~18:00，週二、三、四休

　　與「香蘭男子電棒燙」結緣在 2016 年，當時入手的第一件衣服我現在還在穿。還記得那天晚上九點去公園路的「321 巷藝術聚落」直接面交，我買了兩件，一件自己穿，另一件則寄去給名古屋的狗友，我不敢說是不是日本第一件香蘭，但應該是名古屋第一件香蘭吧。

　　喜歡香蘭的原因很簡單，就是那個充滿時代感的「純」字。相信大家在街頭應該都看過這個出現在傳統理髮廳玻璃上的紅色純字，我覺得這個字很能代表臺灣，一個很經典的街頭印象。

　　實不相瞞，我以前都在這種老派理髮廳理髮（如今的台南新光三越新天地一帶，從前還有兩、三家，後來都消失了，記得我去的那家叫做「新生理髮廳」），只要遠遠看到大紅純字，

●香蘭的天字第一號作品,經典。

就知道這裡有一家理髮廳了,我想這是眾多臺灣人的共同記憶。

而香蘭老闆黃崇堯也與「理容院城市旅行計畫」的主理人曾敬淳,一起深耕於推廣老理髮廳活動,在逐漸式微的傳統理髮

PART 貳 • 台南紳士ㄟ伴手

●香蘭的起點是位於雞朝的香蘭理髮廳,招牌仍在,老闆仍在,但已歇業。●於 2024 文博會中,重新回到 321 發跡地的香蘭,格外有意義,我也是在 2016 於這裡認識香蘭的。●每次出國,總是會挑選幾件香蘭穿出國,代表我是台灣來的府城子弟。

● 任誰也沒想到，永樂市場二樓因為香蘭與其他店家的進駐，儼然成了所謂的裏台南景點。

廳市場裡，用自己的號召力與行動力來為這個行業默默付出，這一點著實令人感佩。老闆對於南迴醫療資源也相當重視，總是可以看見他默默的捐款又捐款，真的是人帥又善良。

怎麼也不會料想的到，當初只是印幾件給好朋友穿的衣服，演變至今，竟然成了臺南，甚至是臺灣最具代表性的時尚 icon（象徵）。不管男女老少、各行各業、各種活動與廟會熱鬧，隨處可見香蘭的蹤跡，實在是太酷了。現在路上穿香蘭的朋友真的好多好多，儼然成了臺灣的一股潮流。我自己在出國時，也會特地挑選一兩件香蘭來穿，一眼就知道我是臺灣來的，算是我近年來的小小堅持。

關於香蘭粉絲專頁總是會提到的「臺南氣口」，我覺得這很難具體形容，但就是一聽就知道，好比開設 YouTube「那個釣魚頻道」的鵝大人，他跟朋友的講話方式，就如同我跟朋友在嘴砲一樣，我覺得那就是很標準的臺南氣口。有點詼

●香蘭也曾幾次出攤至日本,就連日本知名歌手藤井風也曾穿著香蘭的衣服。
●卸去繁華的香蘭,回歸平靜,開店前的香蘭。●傳說中的香蘭大哥。

諧、互相取鬧,但又無傷大雅,偶爾參雜個髒話在裡頭,卻又隱含著雙方濃厚的情誼,我想這就是所謂的臺南氣口,只要一聽,就知道你是不是台南人

　　推薦香蘭還有一點特別的原因,香蘭會很清楚公告開店的日期與時間,如果有臨時公休,或者延後開門都會好好公告,這點非常重要。因為我遇過好幾次相同狀況,想去朝聖某些店,到了現場才發現店沒開,但所有社群平台都沒有任何公告,店門口也沒有任何告示,打電話也沒接,當下我真的覺得老闆是在耍人嗎?我不覺得這是個性,而是沒責任,開門做生意最重要就是誠信,你要先尊重客人,客人才會尊重你。

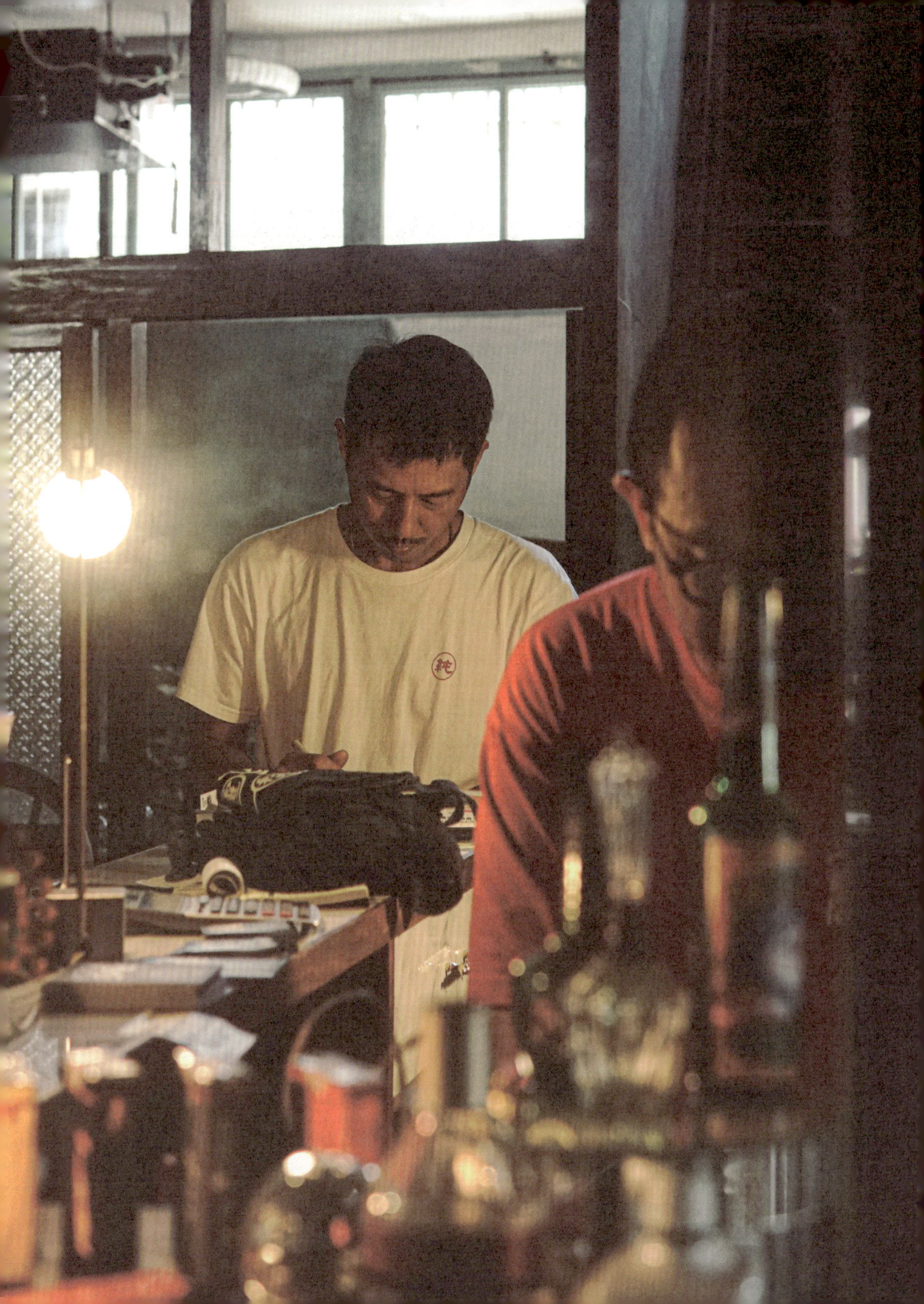

25 — 瘋搶羅宋！抓住刁嘴府城人的麵點＆禮品店

葡吉麵包

Pujei Bakery

這裏 台南市北區成功路 200 號　**MAP**

有開 08:00~20:00，羅宋是 14:00 出爐，電話預訂時間為 08:00~10:00。

　　把麵包當作伴手禮似乎有點格格不入，但這家麵包店堪稱臺南傳奇，應該所有臺南人都知道這家大名鼎鼎的麵包店，羅宋麵包出爐時，好像不用錢一樣，大家瘋狂拿，人手一盤，外頭客人多到要請警衛在門口維持交通，超級瘋狂的。

　　葡吉最知名的，當屬羅宋麵包，每天下午兩點出爐，永遠都是大排長龍，不說還以為在排演唱會的入場。剛出爐的羅宋麵包，真的又酥又香又油，外表的口感微酥，內裡紮實好咬，口味則微鹹帶奶油香，站在店門口就可以吃掉一大半了，雖然滿滿都是奶油，卻很難抵擋這種邪惡美食，縱使帶回家再回烤依舊美味。從市面上也出現了號稱葡吉師傅出身的羅宋店，就知道這裡的羅宋有多知名。

●招牌羅宋，又油又酥又香，讓人忍不住一口接一口。 ●這可不是在排什麼發財金，全部都是為了招牌羅宋麵包。

●左上：蘭姆葡萄夾心餅，完全不輸給日本的美味。●左下：奶露麵包也是超人氣商品，一樣相當罪惡啊。●右：幾乎無人不曉的葡吉，堪稱府城麵包店傳奇。

　　其實除了羅宋，葡吉的麵包種類也是相當豐富，從台式到日式到歐式都有，常見的各種吐司、奶酥麵包、蔥麵包、菠蘿麵包，到全麥核桃麵包、酒釀桂圓麵包等等，這裡一應俱全，麵包的品項非常多元，品項繁多。

　　主打商品的麵包之外，還有五花八門的各式點心與蛋糕，隱身在後方的大冰箱裡。冷藏櫃內滿滿放著各式需要冷藏的小點心，布丁、奶酪、葡萄夾心酥、蛋糕捲等等，真的眼花撩亂，難以抉擇。

葡吉還有一些伴手禮禮盒，例如蝴蝶酥、鳳梨酥、各式餅乾及塔類，我常常來這裡購買禮盒送給外地的朋友。

　　一家小小的麵包店，每天產出如此驚人數量的麵包，以及各式點心，每天來客數都非常驚人，提袋率也是幾近 100%。我想最主要原因就是捨得用料，絕對不偷工減料，才能製作出品質始終如一的各式產品。不管隔多久才來，這些麵包與點心永遠都是這麼好吃，而且店家還會一直開發新商品，求新求變，這也是為何葡吉能在臺南屹立三十幾年的關鍵。

　　葡吉麵包原本只是臺南人的在地名店，在臺南人的心中，應該就好比某牛肉湯之於外地人一樣的神級地位存在。但近年來在社群平台的推波助瀾之下，儼然成了臺南麵包的代言名店了，真的很厲害。

●包裝簡約大方，送禮非常適合。●半熟布丁是近期的明星商品。

26 — 熊老闆的美味煎餅與迷你店面

熊菓子煎餅

Kuma Okashi Kawara Senbei

這裏 臺南市東區勝利路 55-4 號
有關 14:00~19:00，週日休

　　熊菓子煎餅店一定是全臺南最狹小、最神秘的店，絕對可以上日本的專題美食節目，就是那種專門介紹超級「狹い（狹小）」又「激ウマイ（極美味）」的店家。整間店大概只有兩個成人大小，一個直角三角形的空間，隱身在繁華的大馬路上，宛如附著在旁邊的樂器行般，一不注意就會走過去，真的很可愛，超級迷你。

　　雖然店面很迷你又可愛，但老闆卻很粗曠，體型也高大，跟可愛的店面有很大落差，待客也很親切又溫柔，這個反差萌是很吸引我的地方。

　　這裡口味不少，煎餅基底大概都一樣，不同的是上面的配料。餅身的味道很傳統，口感吃起來是很剛好的脆度，但不

●價格平實，真材實料，包裝可愛，送禮的好選擇。

是硬，厚度比一般煎餅還薄，小小一片，大概半個掌心大小，帶有一絲絲的鹹味，很微妙也很涮嘴。煎餅成分就雞蛋、麵粉、香草還有奶油而已，非常天然單純。

在眾多口味裡，我最鍾情於迷迭香，一整個舒服清爽，一開始吃就是煎餅味而已，但當一咬到迷迭香時，迸發出的香草味與餅體的鹹味很搭；綜合豆口味也非常推薦，有黑豆、黃豆、南瓜子，好吃又健康，而且口感很豐富，除了茶與咖啡，我覺得搭配冰啤酒也是非常適合；而最基本的牛奶口味也很推薦，最單純的味道，小朋友也很喜歡。一包大概七至十片，一不小心就吃完一包了，如果吃不完也沒關係，冰在冰箱裡，口感會更脆。

PART 貳 • 台南紳士ㄟ伴手

　　在臺南只要講到煎餅，我想有 99.9% 的人會聯想到「連得堂」。當然我也很喜歡連得堂，但熊菓子煎餅有走出自己的特色，而且堅持至今，老實講，這是一件很不容易的事情。在社群平台還不盛行的當時，要這樣樹立自己的品牌是很困難的，真的就只能靠口碑，一傳十，十傳百，唯有堅持才能走到現在，也因此，他們的煎餅也成了我非常喜歡的特色伴手禮。

　　再說一次，這間店真的相當迷你，一定要很仔細看才不會輕易錯過。

●唯一招牌就是這個可愛的熊頭，真的要很仔細找才行。●真的就這麼迷你，光是老闆一個人就快佔滿整家店了。●店頭都有一些現貨，當然也可以先電話預訂。

● 製程就在眼前，毫無保留，實在是很可愛的一家店。

27　蜜桃香

外觀樸實卻沁入人心的傳統滋味

Mitaosiang-Star fruit juice

這裏 台南市中西區青年路 71 號　MAP
有關 09:00~21:00，無休

　　大家來到臺南買蜜餞，通常是去安平那家知名老店購買，但其實在臺南市區，還有蠻多家知名的蜜餞老店，而其中就屬「蜜桃香」最為乾淨，也是眾多老臺南人的愛店。

　　蜜桃香位於臺南市中心的一處三角窗，開業至今已六十餘年，整家店給人的第一印象就是乾淨，白鐵的桌椅、白鐵的冷藏櫃，還有那一整排的各式蜜餞裝在長長的玻璃罐裡，這是一種老派的台式清涼。

　　主打的商品就是蜜餞冰，自家醃漬的各式蜜餞，放在懷舊的玻璃淺碗裡，鋪上一層也是自製的碎冰，再淋上招牌的楊桃湯，陪著眾多臺南人度過了無數的炎夏。

●老式的玻璃甜點碗,現在已經很少見了。 ●老闆娘從白鐵冷藏櫃裡,舀出楊桃湯再搭配各式蜜餞,不知道滿足了多少人的渴望。 ●一盒130元的綜合蜜餞,種類繁多,相當划算。

PART 貳 • 台南紳士ㄟ伴手

●上：一整排裝在玻璃瓶裡的蜜餞，想必是眾多人的兒時甜蜜回憶。●下左：點上一碗綜合冰，什麼都吃得到。●下右：蜜桃香屹立此處六十個年頭，而我也光顧了三十年。

　　店內的蜜餞種類繁多，除了招牌的楊桃、鳳梨，還有芒果干、李鹹、烏梅⋯⋯等等。檯子前那一整排的各式蜜餞，也都可以自行搭配。其中，我最愛的就是招牌楊桃冰，將楊桃醃漬到熟透，卻保留微微脆口的口感，搭配酸酸甜甜的楊桃湯，尾韻稍微回甘，真是說不出來的暢快。

此外，也非常推薦芒果干冰。因為是自家醃漬，所以芒果干呈現自然的土綠色，而非市面上常見的奇怪螢光綠。芒果干入口的口感以及適中的鹹甜味，再搭配楊桃湯，更是美味加倍。當然，如果不知道從何選起的，也有綜合冰可以選擇，小小一碗，繽紛多樣，大大地滋潤了大家渴望的心。

蜜桃香也有單賣蜜餞，一盒 130 元，盒內包含了檯子上的所有蜜餞，約莫十來種，每一種都少少的，滿足大家想嚐鮮的心態。這個綜合蜜餞，我很常買來送給外地朋友，也是我非常推薦的隱藏版伴手禮，完全可以想像大家收到時的驚喜。

這家老店，開業已經六十年了，我也從高中一直光顧到現在。近三十年的歲月裡，店內永遠是乾乾淨淨的，不管是桌椅，還是冷藏櫃，甚至是地板。老闆娘跟兒子永遠很仔細地維持著環境乾淨，收店之後，他們總是很努力地刷洗著所有的生財器具以及整個環境，這種認真的工作態度，也是我會一來再來的原因之一。

不管新派的西式甜點再怎麼開，我想很多人的心裡還是無法忘懷這種傳統的臺灣涼水，畢竟這些可是陪伴著我們一起長大的，可能外觀並不吸引人，但那沁入人心的甜才是真正的醍醐味吧。

28 錦源興

台南元素滿溢的織品文創店

Gimgoânheng

| 這裏 | 台南市中西區中正路 209 巷 3 號　**MAP** |
| 有開 | 10:00~18:00，週一、二休 |

　　這是一家百年布行後代所開創的織品文創店，布行最早是在神農街開業，以布料進口、批發、零售為主，逐步發展成日治時期重要的布料供應商，盛極一時，之後搬到目前民權路的明興商行旁邊，而在布行整個歇業之後，其後代於中正路巷子裡開了這家印花布料與生活用品的文創商店。

　　錦源興販售布料與一些生活用品，而早期的主要花樣採用多種臺南元素。何謂臺南元素呢？好比烏魚子、七股的黑面琵鷺、後壁的茄芷袋、府城舊城區的四大名區、各家水果行……等等。店家把這些很經典的臺南元素，轉化成紋樣印製在布料上，再衍生出眾多商品，包含整疋的布料、杯子、杯墊、提袋……等等。讓旅客只要花少少的錢，就可以擁有滿滿的臺南情緒，縱使旅行結束了，還是能在家裡享受臺南

帶來的氛圍。我個人覺得是很棒的伴手禮，而且十分欣賞這種原創的創意。

　　不過，近期的商品的紋樣已經不侷限於臺南，而是來自臺灣人的共同回憶，例如：舊時的國民住宅、紅椅頭、藍白拖、鐵捲門、雞蛋冰⋯⋯，這些我們日常隨處可見，隱身於周遭的所有事物，皆被繪製出來，躍然出現於各式商品上，有時走在街上看見這些商品，總會讓我會心一笑，畢竟這些都是我們臺灣人的回憶與日常。

　　更近期，錦源興也逐漸參與了一些地方創生、文史導覽，以及社群營造相關的活動。跳脫單純的商品販售，逐漸與地方有了更多的連結，藉由實際的活動，讓更多外地朋友，甚

PART 貳 • 台南紳士ㄟ伴手

●左：隱身在雞朝的錦源興，彷彿是個府城文化的傳播站，發送著大家熟稔的一切，尤其讓人會心一笑的臺灣印花。●右：擁有著源源不絕的熱情與點子的第四代老闆，那股衝勁著實讓人欽佩。●右頁：各式花布以及文創商品上的印花，是不是讓你覺得既熟悉又似曾相識呢。

至是臺南本地人，能夠更深一步的認識臺南。讓大家知道，來臺南不再只有吃吃喝喝，這著實是一件有趣的事情，誠如小老闆所言：「對我來說，賣商品是為了賺錢來做有趣的事」，我真心感到認同。

　　錦源興的位置在中正路國華街附近的小巷子裡，就是以前俗稱的「雞朝」（約為台南市中西區中正路、國華街、友愛街、西門路之間的區域）街區。店面由老屋重新裝潢，是一

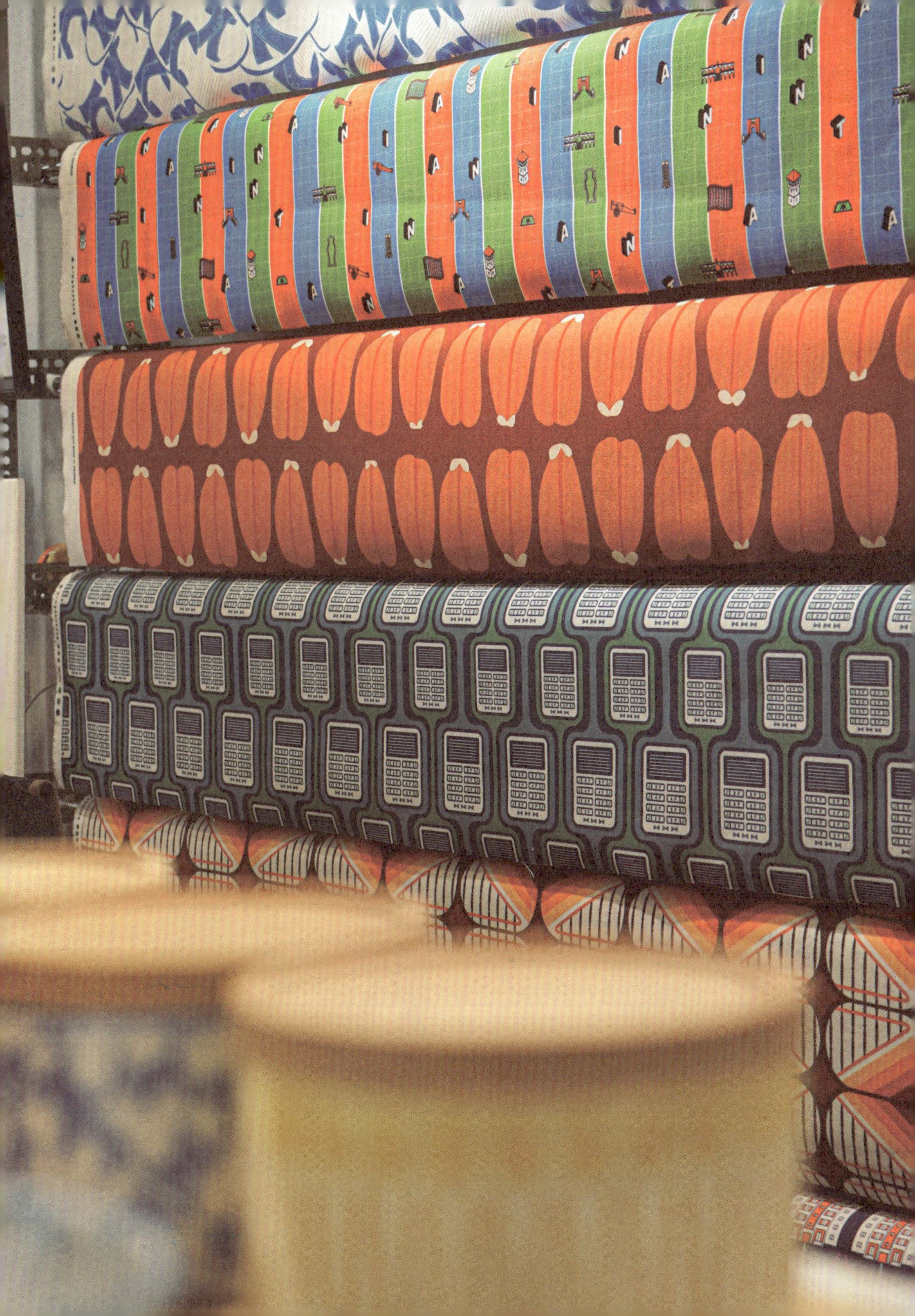

PART 貳 • 台南紳士ㄟ伴手

棟狹長迷你的建築，總共三樓，一、二樓是商店，三樓主要作為展覽場域，長年都有藝術家的微型展覽，也算是一個藝術的發送頭（編按：交流平台），與錦源興的商品也算是有了一個共鳴。

臺南之所以美好，靠的就是這些願意傳承，並且與時俱進的創意好店。臺南真的有挖不完的寶，也就是因為這樣，臺南才之所以是臺南，如果與其他大城市都大同小異，沒有了自己的獨特性，那又有誰想來臺南呢。

● 左：三樓也有不定期的展覽，主題相當多元。● 右：源興的建築是很老式的府城老屋，既陡又窄的洗石子樓梯是標準配備。● 右頁：烏魚子、鐵捲門這些充滿台灣意象的圖騰，轉化成日常商品，我想這就是老闆想要的吧。

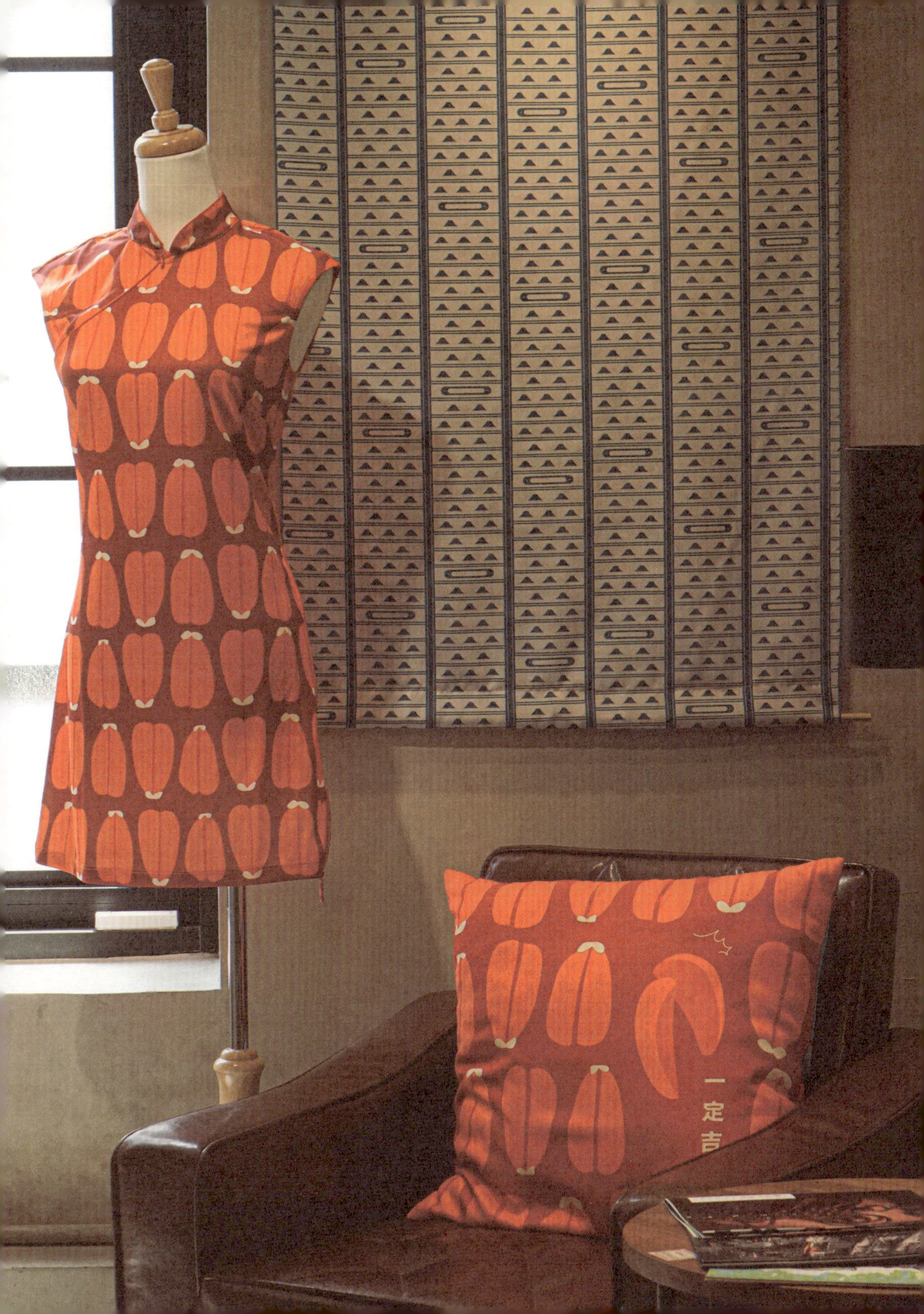
一定吉

PART

参

台南紳士的私房美食

SECRET EATS

in

TAINAN

關於臺南紳士的私房美食……

臺南是一個古都，最為人所知就是各式各樣的傳統美食，尤其是小吃，但其實臺南接受外來文化的速度很快，廣度也廣，甚至會演化成臺南自己的模樣，繼而引領風潮。

諸多傳統小吃之外，臺南有著相當多厲害的異國料理，以及烘焙店跟咖啡店。我覺得這一點跟京都有點類似，這種與刻板印象的大反差，是我覺得很有趣的地方。

在臺南觀光熱潮興起之後，許多年輕人紛紛回到臺南，把他們在外地甚至外國所學到的烹調技術與新觀念，佐以臺南在地食材，發展出獨有的風味。我認為這是近年一股很棒的風潮並樂見其成，也會四處嘗鮮，一些餐廳甚至獲得了米其林必比登的推薦。

故而在本章精心選擇了一些義式、日式、蔬食、燒烤……等等與府城傳統小吃比較大差距的美食來分享，希望大家來臺南的時候，也能發現臺南美食的諸多樣貌。當然，其中也有府城人相當喜歡的街頭美食，那種雖然已經昂然屹立幾十年，卻比較少外地遊客知道的在地名店。

這些店家，我都已經光顧許久，甚至他們剛到臺南時，我就成了死忠顧客，也是我在推薦給外地朋友時的首選餐廳名單，不僅食物美味，而且品質長年如一，絕對禁得起考驗。

我並不追求什麼隱藏名店，也不追求預約困難店，也不追求新開人氣店，我覺得吃飯不該是這麼煩心的事，吃飯就該是一件開開心心且輕輕鬆鬆的事。

29 ToBe+ 兔彼炸物

以鮮炸洋芋片，打出一片天

ToBe+ Fried Food

這裏　台南市中西區郡緯街3號　MAP
有關　14:30～22:30，週三休

在臺灣的宵夜市場裡，鹽酥雞一直是大家的最愛。因為食材選擇繁多，單項價格也不高，縱使是一個人也可以輕鬆地買上一大包來獨享，這也造就了臺灣到處都有鹽酥雞攤的榮景。而這家兔彼炸物，選擇以洋芋片當作主打商品，果然異軍突起，走出了自己的一片天。

兔彼炸物店位於赤崁樓旁，是標榜現點現切現炸的洋芋片專門店，也有一些其他的小點心炸物，內用有五、六個位置，通常以外帶居多。

選用台灣農場及美國進口的馬鈴薯，老闆對於馬鈴薯很講究，因為有好食材才能炸出美味的洋芋片。這裡跟日本知名的零食生產商 Calbee+（卡樂比）一樣，標榜現點、現切、

●現點現切。●之後馬上下鍋油炸。●乾淨無暇，且完全不含油的薯片。

現炸,而且有多種口味可選。其中經典原味只灑了一點鹽巴,現炸現吃最美味,外觀呈現金黃色澤的薯片,乾乾淨淨的,一口咬下,真的又酥又薄又脆,一絲絲的鹹味,更能襯托出馬鈴薯的甜味,而且完全沒有油耗味,老闆的鬼神炸功,也太厲害了!重點是吃完之後,墊在下頭的紙張,竟然一絲絲的油漬都沒有,真的超神,這個薯片,如果滿分十分,我給十一分,Perfect(完美)。

這裡的招牌除了洋芋片,還有炸雞翅。嚴選的國產大雞翅,浸泡在老闆的秘製醬料裡,再經過多道工序,才能成就一隻老闆滿意的炸雞翅。因為也是堅持現點現炸,所以一咬下去,外皮真的很酥脆,裡頭的雞肉鮮嫩多汁,還得小心不要被雞

● 看似與一般商家無異的店面,卻有著驚人美味的現炸薯片。

● 現炸雞翅也是酥脆多汁。

汁燙到了,而且跟洋芋片一樣完全不含油。不得不再次強調,老闆的炸功實在一流。

　　兔彼炸物東西的美味來源,除了精選的食材,以及完美的炸功之外,還有就是老闆對自家產品的愛。在邊吃邊聊的過程裡,可以從談話中,完完全全感受到老闆對馬鈴薯的熱情。從產地、土壤、切的厚薄度,油鍋尺寸大小到油炸時間技巧等等,老闆總是講到眼睛發亮,那是發自內心的,一眼就看得出來的,這種熱情所灌注而產生的食物,絕對是極上美味。

　　說認真的,兔彼的洋芋片,完全不輸給日本,甚至凌駕其上,而且價格才 70 元。想一想,現在鋁箔包洋芋片一包都好幾十元了,份量又少,又看不到製作過程,但這裡的馬鈴薯是臺灣產的,且全程在你眼前現作,份量又多,真的超棒。

　　日本有 Calbee +,哼,我們臺南有 ToBe +!

風靡府城饕客的燒烤達人

小南人烤肉廚房
Siaonanren BBQ Kitchen

這裏 台南市中西區西門路一段 755 號　MAP
有關 18:00~23:00，週二、三、四休。

　　與阿弘大哥認識十餘年了，自從他從臺北回來臺南開店之後，我就成為他的忠實追隨者，已經記不清楚來這裡用餐幾次了，每每都是帶著滿臉的笑意回家。我想這可能是因為美味的食物，也可能是因為阿弘大哥那濃厚的人情味吧。

　　店內位置並不多，除了幾張小桌子，就是吧檯六個搖滾區座位，縱使是自己一個人來也可以。只要到了營業時間，這裡總是充滿著笑聲，可能原本並不相識的兩桌，酒酣耳熱之後，加上阿弘大哥的美食催化之下，大家會在某個點找到連結，無意發現這桌的誰跟那桌誰有了共同好友，然後莫名聊了起來，進而發現原來臺南這麼小啊。聊著聊著，阿弘大哥也會過來一起聊一起喝酒，彷彿大家已經認識很久了一般，真的是很有趣。我覺得這是小南人的一大特色，而我也在這

●來這裡就是大口吃肉，大口喝酒，並且品嘗食物與醬料的各種有趣變化。●開心果羊小排，縱使在餐廳也很罕見的菜色。

PART 参 • 台南紳士的私房美食

●工作時相當嚴肅的阿弘大哥。●這裡的烤節瓜絕對是府城第一,又粗又大,汁液宛如山洪泉湧而出。●南洋風味叉燒,阿弘大哥常常會有一些隱藏版菜色。

裡認識了不少好朋友。

此外，菜單也一直不停地在變化，縱使是固定菜色也一直在精進。雖然菜單不若一般燒烤店豐富多樣，卻道道精彩，每一道菜在其他店家絕對是被畫上星星的精選菜色，尤其是牛排，更是有著完全不輸專業牛排店的一流水準。即使菜色不多，但各式肉類、海鮮、蔬菜，該有的種類都有，不難找到自己喜歡的菜色。

小南人的招牌當屬牛排無誤。你總是可以在粉絲專頁看見精修之後的牛排，那誘人的油花，讓人口水直流，然後不知不覺就預約了週末的晚餐，我想這就是阿弘大哥的魔力了。

除了牛排，他也會一直研發新的燒烤菜色，細數我在這裡吃過的特殊菜色，實在不勝枚舉，如：南洋風味叉燒、紅喉一夜干、烤鴨肝、煙燻綿羊豬佐咖哩醬、白旗魚乾熟大腹……，都是阿弘大哥研發過的精彩的菜色。

不僅主食材精挑細選，就連搭配的醬料，也是全部自製，佐餐的麵包更是來自臺南烘焙名店「小丞事」。一切的努力，只為了製作出完美的菜色，好呈現給慕名而來的饕客們，大家幾乎都是一吃成主顧。

主食之外，小南人的蔬菜類也值得大書特書。幾乎每桌必點的高山大櫛瓜，儼然成了招牌菜。又粗又厚的櫛瓜，經過高溫燒烤之後，一口咬下，汁液整個迸發在口中，又燙又鮮甜，絕對會顛覆你對櫛瓜的既有印象；還有季節限定的青花筍，在高超的烤功之下，竟然有著微微的鑊氣，更是令人感到神奇，而生菜沙拉也是大盤豐盛又新鮮。

還有，精選生啤酒也是經典，無可比擬的新鮮純淨口感，真的喝過才知道，這都要歸功於營業後的管線清洗，才能造就這一杯近乎完美的麥類發酵冷飲。

很高興在臺南有小南人，讓週末的夜晚多了色彩，也多了一絲溫度。

●就連生菜沙拉都很講究。

● 連烤鴨胸都有，看那粉嫩的橫切面，鴨胸竟能如此軟嫩，足見阿弘大哥功力深厚。● 火烤巧巴達麵包搭配自製醬料，麵包可是由府城名店「小丞事」獨家提供。● 鹹豬肉也能烤出另一番風味，阿弘大哥真的把烤這件事研究到透徹。● 生啤味道極致乾淨且泡沫細緻，都歸功於營業日後的仔細清洗。

31　宛如置身日本的雅緻氣氛

宇作茶屋
Usaku Tea House

這裏　台南市中西區新美街 72 號　**MAP**
有開　平日 11:00~18:00；假日 10:30~18:00，週二休

　　新美街是我非常喜歡的一條街道，從早到晚都有不同的感受。整條街上有著滿滿的店家，各行各業都有，「宇作茶屋」就隱身其中，低調不起眼，曖曖內含光。

　　地點就在民權路與新美街交叉路口附近，店頭很雅緻，入內寬敞，第一印象就是非常乾淨整齊，舒舒服服。吧檯所有器具排列成一直線，轉折處甚至呈現 90°，連吧檯椅子也是排列得整整齊齊，店家一絲不苟的態度，還真的跟日本頗為相似。

　　菜單頗豐富，主打各式日本茶，與衍伸出的相關甜點及小點心。抹茶是用茶筅現刷，其餘茶飲也是現點現沖，一杯百元左右的價格，著實佛心。

●從新美街望進去，這兩句話蠻有意思的。●自製抹茶冰淇淋，濃郁甘香。

　　各式甜點與冰淇淋皆為店家自製，品項雖然不多，但樸實美味。儘管沒有網美店的浮誇裝飾，但只要吃一口，就能感受到店家的用心，我想這也是店家想傳達的意圖。

● 1.每杯茶、每份點心,老闆娘都是丁寧的製作,從我光顧這家店裡來,一直沒變過。● 2.抹茶是用茶筅現刷的。● 3.冰淇淋善哉、焙茶冰淇淋、抹茶凍及白玉,相當豐富且美味。● 4.黃豆粉冰淇淋大福。● 5.很難不被這井然有序的吧檯所吸引。

●除了吧檯，也有很舒服的塌塌米區域。

　　不管是環境，還是飲品與甜點，或者店家服務態度，這裡都是一家讓人覺得很放鬆、很舒服的店，與外頭熙來攘往的新美街，形成了一個強烈的對比，甚至是有趣的結界。一入店內，彷彿踏進了另一個世界，好比附近專營咖啡的「道南館」一樣，兩家店都給我相同感受。在不能出國的疫情時間裡，臺灣國旅大爆發，新的店家也一直開不停，但也有不少間沒挺過這波疫情。真的很慶幸，這家日本茶專賣店，依舊屹立，讓大家在想念日本的同時，也能在這獲得一絲絲慰藉。從我發現這裡至今，店家依舊維持著初衷，保持著我喜歡的模樣與氣息，那份安靜與溫暖，讓人覺得很舒服，在喧鬧的老城區裡，喜歡安靜的人們，誠心推薦給您。

　　如果要給宇作茶屋一個評語的話，我會說：縱使整間店直接空降日本街頭都毫無違和。

新美街的民生路到民族路這一段，我真心覺得非常精彩，一家一家小店陸續開，晚上真的很有日本的氣氛，各式美食都有，日式、義式、東南亞、臺式、素食、燒烤、咖啡、酒吧，水果店、一應俱全，儼然美食窟了。

153

32 自然熟 clean & wild eats

— 療癒身心的蔬食義大利料理

Zihranshu clean & wild eats

這裏 台南市中西區民族路二段 57 巷 1-2 號　MAP
有開 11:30～15:00；17:30～21:00，週一、二休

當人生過了一半以上，已經不如年少時期，可以恣意妄為地亂吃亂喝了，如果想兼顧健康與美味，其實還真的頗有難度。這時，「自然熟」就會從心裡脫穎而出，成為用餐首選，不僅好吃又兼顧健康，而且出餐品質一直很穩定。

自然熟是一家純蔬食餐廳，把各類蔬菜調理到極致的義大利餐廳。縱使平常是無肉不歡的人，也絕對可以盡情享受蔬食帶來的自然美味。

餐廳位於新光三越中山店附近的小巷子裡，整面的大窗戶，採光極佳，挑高的室內空間內，灑落的自然光相當迷人，輔以老件與大量植栽，以及各式老闆收藏品，用餐環境相當雅緻。雖然是開放式廚房，用餐時卻沒有任何惱人的油煙味。

●典雅的外觀,其實前身是一家工廠。 ●煙花女酸辣麵誠如菜名,酸又辣,非常繽紛。

PART 参 • 台南紳士的私房美食

●前身是一家音響製造工廠,老闆把他稍微改造成現在的模樣。●開放式廚房,讓人吃得安心。

　菜單品項豐富,主打義式料理,從湯品、前菜、沙拉、義大利麵與燉飯,到甜點飲料都有。很多坊間的素食餐廳往往會使用素肉之類的再製品,總是讓人很糾結。但自然熟的餐點全部都是蔬食原貌,沒有任何再製品,這點難能可貴。

　這裡的沙拉非常精彩,是不可錯過的餐點。尤其是農場豐收沙拉,十數種蔬菜、根莖類、果乾、堅果等等,上頭刨上

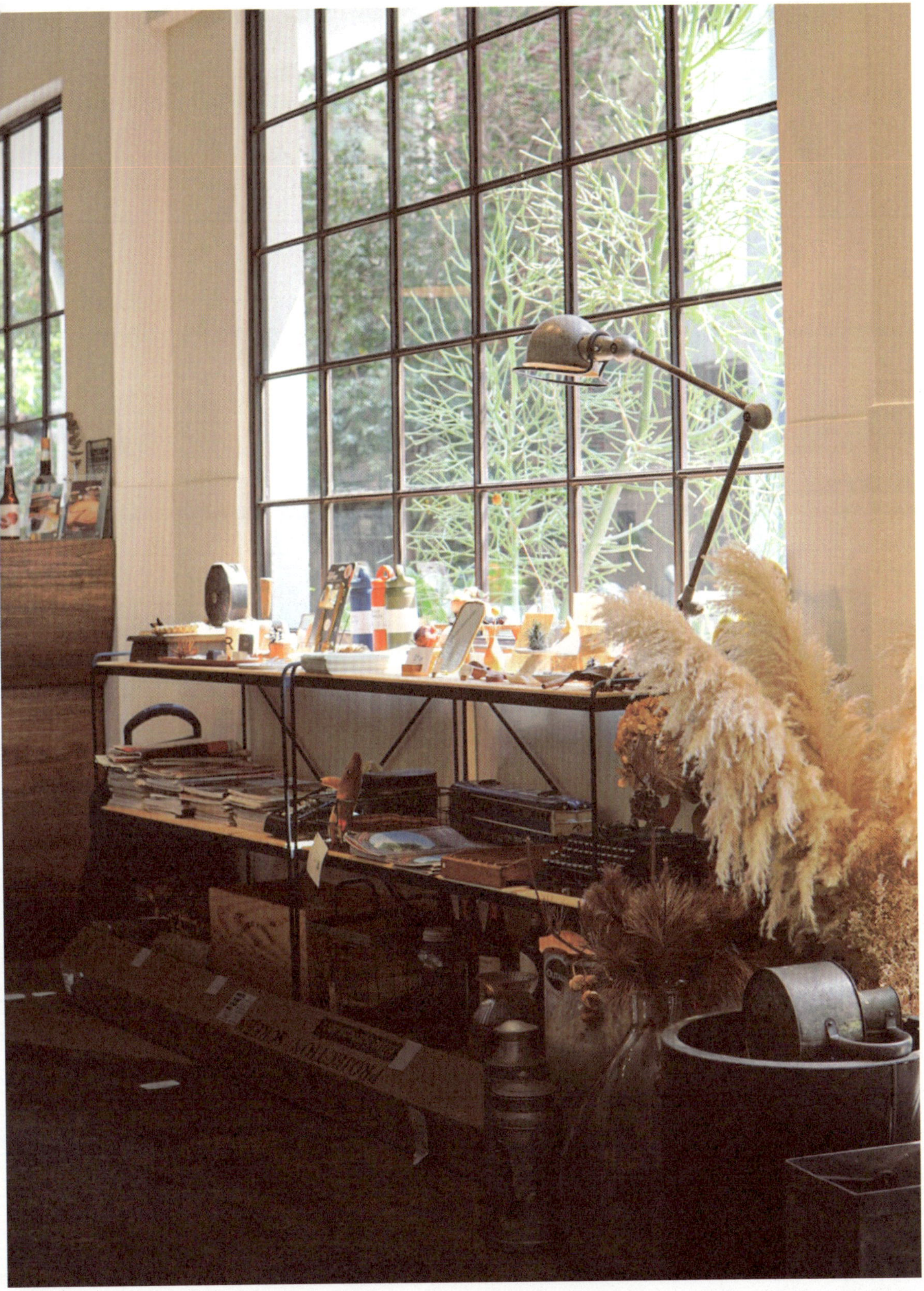

●上：番茄義大利麵，不由分說的美味。●1.農場豐收沙拉，十數種鮮蔬與堅果，吃這一盤即可滿足一天的所需。●2.用當季竹筍入義大利麵，著實罕見，但也相當美味，既脆又甜。●3.餐前小菜也是用心調製，讓各種常見蔬菜都成了盤中主角。●4.這裡的沙拉種類真的非常精彩。

大量起司，佐以巴薩米克醋，滿滿一大盆，份量驚人，不只營養滿分，口感更是多變有趣。其他還有以菇類為主，或者是豆腐為主的沙拉，甚至是一般比較少見的羽衣甘藍，皆可在這裡大快朵頤，吃上一份沙拉，就可以把一天所需的蔬菜量給補齊了。

　　義大利麵也有眾多選擇。先以各種醬料來分門別類，再用各式蔬菜或菇類來做搭配。麵體也有許多選擇，除了最經典的蒜片辣椒麵，還有比較少見的以茄子或大番茄為主題的義大利麵，其中又以煙花女酸辣麵最為驚艷。所謂煙花女，就是以鯷魚、橄欖、酸豆為主體，但因為是蔬食餐廳，所以拿掉了鯷魚，把橄欖的比例提高，鹹香酸辣，風味有如名字一般風姿綽約。

　　上了年紀之後，對於外出飲食格外的注意，不管是食材來源，連調理環境都會很在意，而自然熟提供純蔬食的料理，卻又兼顧了美味。誠如網路所有好評而言，真的完全吃不出來在吃素，而其用餐環境也非常乾淨明亮，我想這是自然熟能在臺南大放異彩的重大因素。

33 — 季節限定比薩，再遠都想去吃
來一片義式小餐館
Laiyipian Trattoria

這裏 台南市仁德區二空路 82 號
有關 11:30~14:30；17:30~21:00，週二、三、四休

古都臺南，除了有眾多老牌的傳統飲食店、糕餅店，其實還有很多厲害的咖啡店、西點烘焙店、日式與洋式餐飲店。臺南就跟京都一樣，接受外來餐飲文化的速度很快又很廣，品質也很高。畢竟想要在以舌頭刁鑽聞名的臺南存活下來，可不是件容易的事情。

「來一片」是一家義大利小餐館，主力產品是各式 Pizza（比薩），其他還有義大利麵，以及一些義式開胃小點。

店家的位置不在市區，反而在稍嫌偏遠的二空社區，外觀非常不起眼，只有一小塊招牌。所謂小隱於野大隱於市，我想只要食物夠強大，大家總是願意不遠千里而來吧。

●芝蔴葉生火腿 pizza，成人的美味。

　　只要吃 Pizza，我總是習慣點瑪格麗特口味，因為可以嘗到最單純的味道。看似最簡單的瑪格麗特 Pizza，其實是最不簡單的，這裡的瑪格麗特，完全是我心中該有的樣子。手工揉製的餅皮，塗上自製番茄醬，灑點莫扎瑞拉起司，再點綴一點羅勒，之後送進爐火烤製，不用多久的時間，即可完成一片誘人的 Pizza。而且餅皮非常好吃，最外層那圈烤得焦脆，口感微 Q，濃濃麥香，上頭的番茄醬與起司經過高溫的火烤，融合出絕妙的滋味，Simple is the best（簡單至上）。

　　除了一些定番（招牌）菜色，還會有一些季節限定的 Pizza。比方說，來自日本富山的螢烏賊，其鮮味真的無可比

擬，放在餅皮上，著實是很特別的組合；冬季限定的草莓柑橘甜起司 Pizza，直接把 Pizza 當作一個甜點的概念；甚至還有少見的無花果 Pizza，佐上生火腿、起司、芝麻葉，甜鹹微苦的風味，繽紛有趣，就連台東櫻花蝦都能做成 Pizza。這些光看文字就覺得美味的特殊口味，再經過嘉興大哥的神手，轉而演變出風味無窮的 Pizza。

再說義大利麵，也是非常有水準。不管是扁舌麵、肉醬千層麵、還是貓耳朵麵，麵體都煮得剛好，不會過軟，醬汁也能完整的巴附在麵體上，口味也很多變，不時還會有比較特別的菜色，讓大家三不五時就想來報到。

●豐盛的開胃菜拼盤，很適合餐前來一盤。●麵包也是自製，看那孔洞就知道多美味了。●來一片雖然位於遠離市中心的眷村社區裡，但依舊高朋滿座。

●新鮮無花果也能做成 Pizza。●日本來的螢烏賊義大利麵,當旬就是讚。●法國空運來的淡菜,季節限定。●肉醬千層麵,一層一層又一層的挑逗你的味覺。

而開胃小點更是變化多端,從最常見的各種炸物,或者是燉牛膝、松露馬鈴薯烘蛋、又或者是通通都來一點的開胃拼盤等等,嘉興大哥總是能端出一盤又一盤的美食來滿足大家。

真的好喜歡這家,充滿誠意的美味從以前到現在都沒變,夫妻倆在二空這個傳統的空軍眷村裡,胼手胝足的打拼出了一片天,也為這裡,增添了一點義大利的異國情調。

34 　專精一樣，府城居民的首選烙餅

張家烙餅

Jhang's Pancake

這裏 台南市中西區健康路一段 335 號
有關 14:30 至賣完，週末及國定例假日休。

在臺南說到烙餅，應該所有人都會跟你說家齊女中對面，台南高商圍牆旁邊這個小攤子。他們只賣一種東西，就是烙餅，一賣三十年，實在很厲害，應該可以列入臺南傳奇下午茶之一。雖然數年前交由他人接班，但是美味不變，臺南人依然很捧場，表示口味跟口感都沒變，仍然是大家喜歡的那個老滋味。

張家的烙餅，堅持不加蛋，也沒有任何配料的選項，就是單純要你吃餅的 Q 跟香，也省去了許多點菜與製作的麻煩。他們的麵糰都是在家自製的，之後在攤子現點現桿現煎，用半煎炸的方式，讓剛起鍋的烙餅，外皮酥脆，內裡有著微微的嚼勁，而且完全不油，相當單純的麵香味，頂多灑點胡椒，或者油膏跟辣椒膏，但縱使什麼都不加，也是非常好吃。

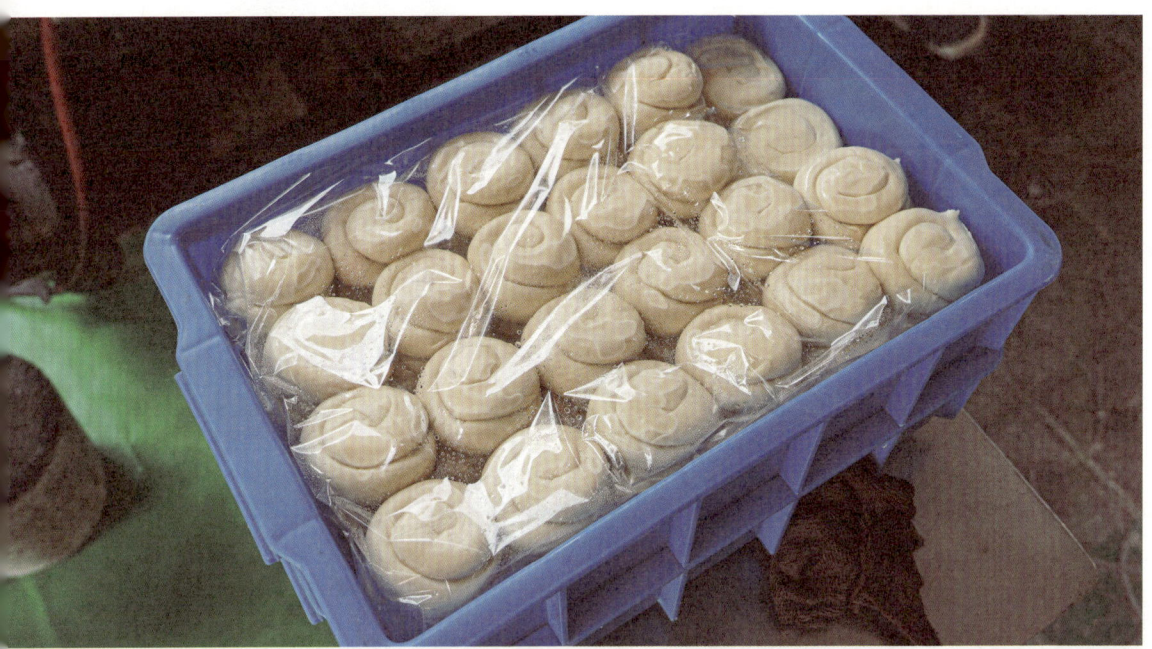

● 麵團皆是每日現做，新鮮看得見。 ● 半煎炸的方式，讓餅的口感既酥又Q。

由於生意很好，加上一鍋只能煎五片，所以每次來都要排隊。但因為餅皮桿得很薄，所以煎製的速度很快，加上沒有任何配料，因此人群消化的速度很快。這是讓人吃了會上癮的那種單純美味，不耍花招，直拳對決，非常厲害。

　　每到下午兩點多，老闆開始擺攤，攤前就會出現一條人龍，只賣短短兩、三個小時，人流從沒斷過，實在很厲害。老闆跟老闆娘動作很俐落，所以不會等很久，他們也非常客氣，攤子也整理得乾乾淨淨。到了下課時間，學生也會順道買來

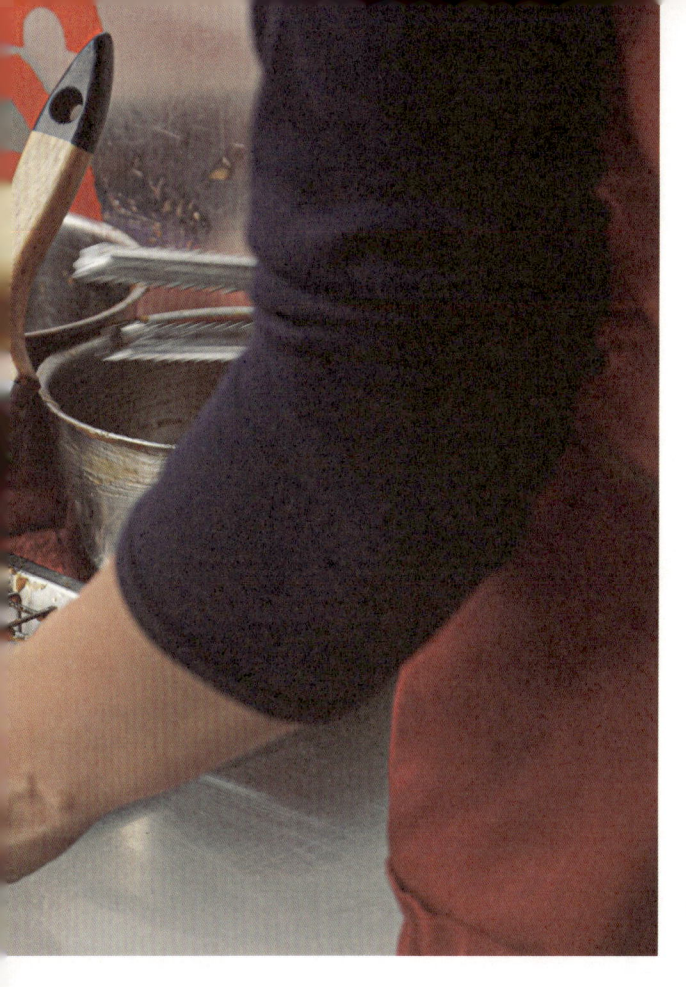

●堅持不加任何配料，讓你感受餅的純粹美味。

解饞，許多公司行號也會大量購買，算是臺南相當知名的下午茶。

因為只有週一至週五營業，而且見紅就休，所以外地朋友想來品嚐的話，只能自己掐時間前往了。

一家店只專精一種產品，並把這件商品做到極致，而且一賣三十年，這三十年來不知道撫慰了多少學生與上班族的胃，我想這就是所謂的職人精神吧。

PART

肆

台南紳士
愛泡咖啡館

COFFEE SHOP

in

TAINAN

關於台南紳士愛泡的咖啡館……

咖啡，儼然成了全世界的潮流，臺灣當然也不例外，臺南亦然。當全球經歷了第三波咖啡浪潮（Third wave of coffee）之後，接下來會走向哪個方向，其實我也很好奇。而在臺南，這股咖啡熱潮（Coffee boom）約莫在疫情快結束時爆發，一間接著一間的新咖啡店宛如雨後春筍般，在府城的大街小巷裡出現，而且開店位置也完全跳脫傳統集市概念，一路往小巷裡鑽，非常有趣，而這種開店概念，也逐漸擴散出去，在形成一股風潮。

臺南的咖啡店形式，也開始有了五花八門的型態。從最早的咖啡專門與只提供小點心，轉而出現了各種樣貌，有精緻餐點與各式甜點，有大量書籍雜誌，有各式潮流元素，外帶專門店……等等，讓咖啡店能吸引更多異溫層的人前往，而不再侷限於咖啡愛好者，使得臺南的咖啡業更加蓬勃發展。

此外，國內外各路咖啡高手齊聚臺南，也讓臺南的咖啡店水準日益增長，有世界烘豆冠軍、世界虹吸咖啡冠軍、世界拉花冠軍、台灣杯測冠軍、台灣拉花冠軍……等等，完全是硬實力的展現。而眾家好手紛紛插旗臺南，也是一種良性競爭。走在路上，隨處可見的咖啡店，也成了一個城市影像。去咖啡店這件事，逐漸變成了一個潮流，大家會打扮的很時髦，在名店打卡，追逐新開的店，花很長的時間拍照，但喝咖啡這件事情，反而不是最重要的事情，這點倒是讓我覺得很意外。

我終究覺得，
喝咖啡還是得回歸本質，喝咖啡應該是生活，喝咖啡不該這麼麻煩。

No coffee, no life.

㉟ Kooi Coffee 古意人咖啡

連美式都充滿豐富口感、尾韻猶存

Kooi Coffee

這裏 台南市中西區南門路 227 巷 11 號
有關 平日 07:30~17:30；週末 10:00~17:30，週一、二休

這是一家從裡到外都很溫暖的咖啡店，可能沒有時下流行的空靈派或者冷冽派裝潢，也沒有一堆浮誇裝飾的飲品及甜點，但老闆始終如一的溫暖性格，以及始終如一的咖啡品質，確實令人折服，也是讓人一來再來的最大原因。

店面坐落在南門路的巷內，附近都是美麗的洋房，店裡寬敞舒適，戶外滿滿綠色植栽。每個位置都能清楚地看見老闆的出杯動作，動作輕柔仔細，不急不徐的態度讓人覺得舒服。菜單從義式到單品手沖，也有非咖啡飲品和一些小點心。

早上，我總是習慣來一杯美式。雖然美式咖啡簡單來說就是濃縮加熱水，但要喝到一杯好喝的美式咖啡其實蠻困難。畢竟這關乎咖啡豆的特性、磨粉的粗細度、加入水量的多寡

●習慣點 1+1 的我，透過垂直品飲，更能感受同一支豆子的變化。●店面在我最喜歡的南門路巷子裡，文教氣息濃厚。●老闆也常常會分享一些國外的咖啡給客人。

● 很喜歡老闆總是充滿笑意,看他出杯真是一種享受。

等等,所以調和過程是一件很細膩的事情。

換句話說,想喝到一杯很棒的美式咖啡,關乎到吧檯手對於當天咖啡豆的敏感性。就好比蛋炒飯,儘管只有雞蛋跟白飯,但想在外頭吃到一盤美味的蛋炒飯,看似簡單,其實不易。

不過,古意人的配方美式咖啡喝了之後,從鼻腔出來的香氣很舒服,口感也是,手沖的風味我也相當喜歡。以細膩專心的態度所沖煮出來的咖啡,風味層次都很明顯,隨著時間推移,品嚐溫度變化之後產生的風味變異,也是喝手沖單品的一大樂趣。我喜歡淺焙水洗的豆子,其輕盈感很適合一早來上一杯的。包含老闆本人,很喜歡整家店的氣氛。除了每次來都能喝到品質如一的好咖啡,而正向溫暖的老闆,也有一種很像日本演員鈴木亮平的感覺,他的出杯動作都好 Smooth(流暢),心平氣和的,說話輕輕柔柔的,誠如店名:古意人。

我很佩服能夠每天端出一樣品質的咖啡店,縱使我沒有常來,但每次來都能喝到很棒的咖啡。這是一種對客人的尊重,而且也是一件很困難的事情。畢竟咖啡豆是有生命的,必須熟知特性,才能知道如何沖煮出最適合當天咖啡豆的咖啡,端上給客人。

來古意人喝咖啡,應該就是個 Good year 吧。

St.1 Cafe' / Work Room 一街咖啡

從咖啡到內裝，軟硬實力兼具的好店

St.1 Cafe' / Work Room

> 這裏　台南市永康區大橋一街 328 號
> 有開　09:00~17:00，無休，公休另行公告。

我很喜歡這裡的原因，除了早開、咖啡好喝，還有就是充滿個人風格的擺設與裝潢，縱使整家店直接空降東京或京都街頭都完全不違和，就跟我很喜歡的嘉義「木更咖啡」一樣，滿滿的個人特色，完全不隨波逐流。

店面的外觀非常「お洒落（日文漢字，時髦之意）」，水泥、鋁板所構成的藍色與灰色主視覺，給人一種非常時尚的感覺，尤其這家咖啡店是位於舊社區裡，更是令人眼睛為之一亮。

入內之後，一定會被室內挑高的空間吸引，因為這裡的前身是車床加工廠，連舊有天車的架構都還留著，空間十分高挑寬敞、明亮，對於愛拍照的朋友們來說是福音，不同的時間來會有不同的光影變化。

●一字排開的咖啡器具，整整齊齊，坐在吧台看出杯格外享受，巨大的填壓器格外顯目又有趣。●習慣點 1+1 的我，來這裡也不能免俗。

　　整個吧檯區有條不紊的擺滿了咖啡器具，坐在吧檯看出杯也是一項樂趣，還能跟他們請教關於咖啡的專業知識。吧檯一旁還有濾掛包、熟豆的販售區，用老式西裝展示木檯展示著，非常有意思。

　　雖然這裡已經遠離市區，卻也因為堅強的咖啡硬實力，讓一街咖啡得以在永康區傲然屹立。此外，菜單相當豐富，從手沖到義式到非咖啡飲品都有，也有一些小點心與甜點。單品的豆單也非常豐富，從各處產區與莊園，或者各種處理法與烘焙度，通通都有，我相信大家一定都能找到自己喜歡的飲品。

　　就連餐具也是挑過的。我覺得這點很重要，因為美味的餐點如果搭配好的餐具，那可是大大加分的，千萬不要為了省

●連外帶紙杯也精心設計，一種很舒服的藍。●銀色鋁板與藍色外觀，在社區裡顯得格外時髦。●店內從地磚到桌椅到杯具，種種細節都很講究，在這裡喝咖啡真的很享受。

一點小錢，就把整家店的質感給搞砸了。有好的餐具，客人拍照也會好看，也會樂意分享在社群平台上，自然會帶來好風評，讓自己的生意變好，何樂而不為呢？

再來，我很喜歡一街戶外恣意奔放的綠意，以及室內工業風的擺設。除了大家熟知的一流咖啡機具，其實店裡充滿了眾多有趣、有品味的小東西及設計細節。好比廁所的門

●相當有味道的陳設,竟然是老式的西裝展示木櫃,收銀機也是西洋老件。

把、美麗的地磚、老式的連排木椅、超巨大的塡壓器與工業扇等等,整家店到處都有讓人驚喜的亮點,也顯示的老闆的童心跟品味,我甚至還在廁所鏡子看到名古屋漢堡名店「KAKUOZAN LARDER」的貼紙,眞的很酷耶。

總之,這是一家有著咖啡硬實力與品味軟實力兼具的好店,老闆還是一位大帥哥呢。

37 — 專注本質，細心沖泡每一杯咖啡

The Yuan

The Yuan

這裡 東興店｜台南市東區東興路 13 號／**中正店**｜台南市中西區中正路 86 號　MAP
有開 東興店｜平日 08:30~17:30；假日 09:00~18:00，週五休／
中正店｜平日 07:30~16:30；假日 09:00~18:00

　　我跟「The Yuan」結緣得很早，一開始是從深度哥那邊得知這家店，位於永康區南台科技大學附近鐵軌旁的一條小巷內，非常微妙又偏僻的角落，不僅難找，而且相當難停車。

　　直到後來在東興路開了一家分店，知名度才迅速打開。三角窗的位置、純白俐落的外觀，很快便吸引大家的目光，不僅吸引了愛好咖啡的朋友，也吸引了不少網美前來朝聖，去年再於中正路開了分店。每一個階段我都有完整參與到，因為品質一直都維持得很棒，價格也非常合理，出杯速度又很快，是我喜歡這家店的原因。

　　菜單有義式也有手沖，還有特調咖啡，以及一些非咖啡因的飲品，也有提供一些小甜點跟小點心。單品豆單約莫提供

●三角窗的位置，純白色的外觀，過目難忘。●剛創業時期的老闆，出杯時一臉嚴肅，近乎苛求。●總是專注在每一杯咖啡的老闆，從我認識他開始，他一直這麼認真。

PART 肆 • 台南紳士愛泡咖啡館

●很喜歡這句話「It is the serendipity that led me to meet you（命運的巧合讓我遇見了你）」，如同我遇見了他們的這個緣，The Yuan。●總是乾淨整齊的吧台，一絲不苟的態度也反映在他們的優秀品質上。●中正店也是純白俐落的外觀，與同一條路上的「60+Tea Shop」同為青年創業的典範。

五、六種選擇，價格從幾十元到最貴的百來元，著實非常親民。我尤其喜歡這裡的特調咖啡，真的調和得很棒。

但在平易近人的價格之下，老闆依舊提供了很不錯的咖啡品質。記得他們剛開店時，我喝到了一杯很喜歡的濃縮咖啡，整體風味相當的平衡，留在口腔的餘韻綿長且舒服，那時有驚艷了一下。之後陸續回訪了非常多次，咖啡的風味也一直

● 主打外帶吧的 The Yuan，咖啡品質可是完全不妥協。

維持得很棒，因而覺得老闆是一位很認真的年輕人，很專注在咖啡的本質上。老闆雖然很年輕，但做事相當認真仔細。他做事有自己的步調，一步一步照起工來，完全不浮躁，看他出杯是一種享受。這點從他的店內擺飾也能略知一二，很整潔俐落，不拖泥帶水。

目前台南市區內有東興店與中正店，兩家店都非常棒，都是偏向於外帶吧的型態，但現場仍有提供些許座位內用。而東興店的戶外座位，可以邊曬太陽邊喝咖啡，還可以聽著自己喜歡的音樂，在最舒服的狀態享用美味的咖啡。

我個人覺得老闆很有自己的想法，知道自己想要什麼，一步一步朝向自己想要的目標前進。當然，這一切還是得構築在該有的咖啡實力上。總覺得，喝咖啡就該是一種平凡的日常，而不是一種需要精心打扮再去朝聖，或者拼命打卡的非日常。

38　融入居民日常生活的理想 Cafe

Carpenter 木匠手烘咖啡
Carpenter Coffee

這裏　永福店｜台南市中西區永福路一段 82 號
　　　國華店｜台南市中西區國華街三段 81 號　MAP
有開　永福店｜07:00~18:00 ／國華店｜07:00~18:00

　　這是我在市區最常去的咖啡店，主要原因在於氣氛很自在。週末吃完早餐之後，總是習慣性的來這裡喝一杯咖啡再回家，悠哉悠哉的。而且也常在同樣時間遇見同一批的客人，大家似乎都有志一同，一早來這喝一杯咖啡，輕鬆地做自己的事情。有人看書、有人追劇、有人跟朋友聊天、有人只是發呆，大家一派悠閒。這是我理想中的咖啡店型態，我的文章，也有一部分是在這裡打出來的。

　　木匠咖啡由一對兄妹經營，目前在臺南有兩家店。一家在新天地後頭的永福路上，另一家在人來人往的國華街上，我個人光顧永福店居多，這裡的氣氛實在太到位了。

　　木匠咖啡的菜單以義式為主，可能是為了因應大量的外帶

●滿滿都是客人的集點卡,非常壯觀。

客，義式咖啡機相對於手沖，可以更快速的出杯給客人，以免客人久候。此外，價格也非常平實，全部都是銅板價，縱使喝兩杯也才百來元，加上咖啡豆就在店頭自烘，新鮮度也看得見，以這樣的價格，能喝到如此新鮮咖啡，絕對值回票價。

我很喜歡這裡的梅露美式，微酸的梅露，搭配中深焙的咖啡，非常合拍，尤其在夏天，梅子與咖啡的酸味，讓滯悶的心情與胃口都徹底打開了。

工作人員也都相當友善，我想這是大家都很愛來的原因。雖然客人絡繹不絕，但店員永遠保持著笑容，客人離開之後，也會用酒精仔細擦拭桌面，這些細節不一定會被看見，卻非常重要。

●不管外帶還是內用，總是有著絡繹不絕的客人。●豆子都是自烘，價格也便宜，出杯也非常快速，這是他們很大的優勢。

●從永福店裡望出去即是新光三越,木匠算是這附近生意最好的一家咖啡店。●可攜帶外食算是相當大方的做法。

PART 肆 • 台南紳士愛泡咖啡館

●單品豆選擇眾多，價格也非常合宜。●總是坐在露天位置的我，很享受這裡自在的氛圍。

由於店內並不禁帶外食，所以不少客人會帶早餐來配咖啡。我覺得這是一個很棒的友善模式，也會帶來更多的晨型客人。

　　現在很多新開的咖啡店，不只要電話訂位，有些除了得先網路預約，連餐點也要預約。然後，每個前往的客人都精心打扮，比出國穿得還時髦流行，店員也是精挑細選，不只顏值高，還要會打扮、懂流行、有品味。內裝美得跟預售屋一樣，餐點也是精雕細琢，價格更是日益高漲，喝一杯咖啡搞得跟在臺南結婚一樣麻煩。我就問，誰的日常生活這麼繁雜的。

　　更甚者，只要一開新的咖啡店，大家蜂擁而至，不只試營運就要到，甚至還要比關係，看誰能在試營運之前就進去，之後在社群平台發文，大家比誰的讚多，比誰吃到更不一樣的餐點，比誰的關係比較廣闊，一家接著一家……我真的覺得喝咖啡不該是這樣的。

　　週末早上坐在木匠喝一杯咖啡，儼然成了我的假日縮影，也是我覺得喝咖啡該有的日常樣貌。

39 — 採虹吸式出杯法,沖出醇厚咖啡香

席瑪朵珈琲烘焙棧

Cermado Café

這裏
- **立賢店**｜台南市北區立賢路一段 569 號
- **青年店**｜台南市東區青年路 271 號　MAP

有關
- **立賢店**｜08:00~18:00,週一休／**青年店**｜08:00~17:00,不定休

如果要我毫不猶豫的推薦一家臺南在地咖啡店,我會很大聲、很大聲的推薦「席瑪朵」。原因無他,席瑪朵是我的咖啡啟蒙者,我人生第一次覺得咖啡好喝,就是因為喝了一杯席瑪朵的拿鐵咖啡,不誇張,真的有種開竅的感覺。

席瑪朵在臺南也深耕二十年了,從最開始的正興街,之後搬遷到赤崁東街,再到現址的立賢路,同時也於中成路及西門圓環旁展了兩家分店(後來因故收店),再於青年路開了新分店。這一路走來,真的相當不容易,雖然最早的階段我沒參與到,但我一直很慶幸能在人生中遇見席瑪朵這家咖啡店。

這裡菜單非常豐富,從單品到義式,還有冰滴與氮氣咖啡,也有一些輕食、吐司、沙拉等等。

● 氮氣咖啡那獨特的口感,真的是夏天的一大救贖。

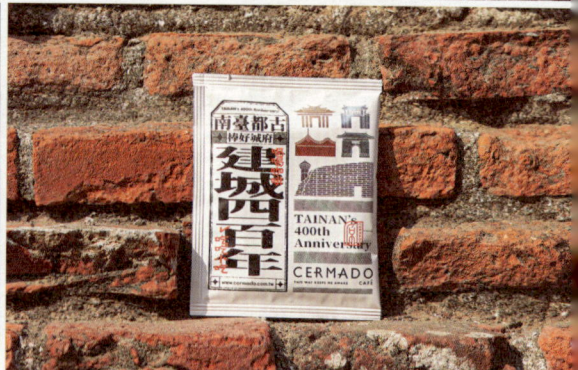

●席瑪朵咖啡在我心中有不可動搖的地位。●就是席瑪朵的拿鐵咖啡讓我打開了對咖啡的熱情。●2024年時為了慶祝「台南400」活動,所推出的特別版咖啡禮盒,別具意義。

　　單品是以虹吸式出杯,這種比較老式的出杯法,除了講求更多的技巧,還有就是那一份儀式感。看著上壺萃取出來出的咖啡液,逐漸過濾至下壺時,那一連串步驟真的很特別。虹吸式萃取出來的咖啡口味比手沖醇厚一些,也保留比較多的油脂感,尾韻也相對圓滑。

虹吸式出杯在臺灣早期咖啡界是比較流行的沖煮法，除了比較有職人感，當時的臺灣咖啡學派多是源自於日本，而日本則是把虹吸式發揚光大的地方，只是現在逐漸式微，畢竟需要比較多的技巧，器具清洗保養也比較繁瑣。

　　此外，席瑪朵的義式配方豆也很棒，我非常非常喜歡他們的拿鐵咖啡。濃縮咖啡與牛奶調合的很完美，上頭的奶泡，均勻且細緻，說不上的喜愛，冰的熱的都相當棒。更別說正是這一杯拿鐵咖啡，打開了我對咖啡的喜愛。

　　如果是夏天，那就非得來一杯氮氣咖啡不可了。綿密的泡泡，猶如啜飲了一口新鮮的生啤酒一般，但口中卻是濃濃的咖啡香，盛夏來上一杯，除了舒服，還是舒服。

　　這裡沒有網美，有的就是好咖啡，以及輕鬆自在又安靜的氣氛。店員也都很親切，不管想玩手機、看書、寫文章、聽音樂都很適合，一個人也很棒，也是許多在地人會來享用早午餐的咖啡店。

　　我非常喜歡之前在中成路的分店，小小的，室內位置只有三個，戶外還有一個小露台。我總是一早帶狗狗來這裡邊曬太陽邊喝咖啡，每每可以看見一些熟面孔的長輩，可能邊看報

紙、可能來跟店員聊天、一邊喝著咖啡。整家店映在我眼中的模樣，是我覺得一家社區型咖啡店最棒的樣貌。咖啡店應該是一種走入居民的日常，而不是一種需要專程前往的目的。

● 從虹吸式到義式到氮氣咖啡，這裡一應俱全，通通都有。● 老闆出沒於各市集時，總是會騎著這台出攤。● 他們的招牌絕對是虹吸式咖啡，始終如一。

●很喜歡這句標語「THIS WAY KEEPS ME AWAKE（這條路，讓我保持清醒）」，也說明了老闆對咖啡的熱情。

40　細心守護品質，用心對待來客

甜在心咖啡館

Café Douceur

這裏 台南市北區北忠街 58 巷 12 號　MAP
有關 09:30~17:30，週二休。
（週三為單品咖啡日，12:00~17:00，僅提供單品咖啡、冰滴咖啡、可麗露）

　　甜在心位於臺南火車站附近，開業至今十餘年，經過改裝之後，整體的環境更加的愜意，從外頭看過去，有點城市裡的小綠洲的感覺。一入內，狹長形的店面，包含吧檯約莫 20 個位置，第一印象是一個很舒服的空間。

　　菜單相當豐富，尤其是單品的豆單，洋洋灑灑一、二十種，依照產區洲別分門別類，其他還有義式咖啡、茶類以及軟性飲品。餐點方面也有蠻多選擇，甜食與小點心都有，任君挑選。

　　正因為豆單豐富，讓人有一點選擇困難。尤其是初來乍到的新客人，又或者是剛接觸咖啡的新手們，常常會看了老半天，卻難以做抉擇，而店家在為客人點單時，那股專業又有耐心的態度，實在讓人佩服。畢竟他們是非常專業的咖啡店，

● 除了虹吸咖啡，這裡的冰滴咖啡也相當美味。

每天面對這些重複又複雜的問題，還要一直保有這種態度，其實是蠻不簡單的一件事情。

這裡的單品是以虹吸式出杯，不管是手沖出杯，還是虹吸式出杯，當 Barista（咖啡師）聚精會神投入沖煮咖啡的過程時，那股專注的表情實在很迷人。而上桌給客人的咖啡，還會用兩種杯具盛裝，讓客人體驗同樣的咖啡，如果用不同的杯具品嚐，其實會有不同的感受。

此外，甜在心的單品咖啡也不提供外帶，理由是紙杯裡的

PART 肆 • 台南紳士愛泡咖啡館

●希望我們到了年老時,都還能像阿嬤一樣精神抖擻地跑咖啡廳。●隱身在台南火車站附近巷弄裡的甜在心,兩棵大樹絕對是最美的風景。●是的,台灣就是台灣。

薄膜會破壞咖啡的風味,他們總是專注在咖啡風味的種種細節上,難怪客人的評價這麼高。

義式咖啡的選擇就比單品少,大致是常見的美式、拿鐵、卡布奇諾這些,品項雖然比較少,但依舊維持著高品質,毫不遜色。

●水果優格大杯美味又健康,非常推薦。●手沖出杯時,會附上不同杯具來比較不同的口感,也會附上一些咖啡粉讓客人聞乾香。

　　能在臺南營業超過十年的咖啡店都是相當不容易的,甜在心正邁向第十八年,著實厲害。畢竟以目前的咖啡店展店速度,加上滿滿砸大錢裝潢的網美店,要想在這一片咖啡店浪潮裡繼續經營下去,靠的終究是咖啡的本質而已。如果沒有高超的手藝、穩定的品質,實在很難生存下去。

　　甜在心誠如他們的自我介紹一樣,從生豆到烘焙,各會進行一次手挑程序,確保每杯咖啡不僅健康且甜入你心,果然名不虛傳。

41 ── 適合安靜沉澱、品味獨自的咖啡時光

道南館自家烘焙咖啡館
Daonanguan Coffee

這裏 台南市中西區民權路二段 248 號　**MAP**
有關 09:00~18:00，週日休

　　有時候，當外地朋友私訊問說「臺南有沒有那種很安靜，而且不限時，適合看書還是想事情的咖啡館？」，我腦子通常會一瞬間浮現出這間店。

　　位於民權路跟新美街口的「道南館」，矗立在路沖的白色建築。天氣好的時候，藍天白雲，從新美街觀望這棟建築時，真的美得像幅畫。

　　我跟道南館結緣在十幾年前，當時這裡剛開業沒多久，有天無意間散步經過時，有幸跟老闆聊了兩句，很喜歡他們的空間及親切感。悠悠地過了十年後，我現在仍然喜歡他們的原因，除了依舊維持好品質的咖啡，就是二樓伴隨著好音樂的沉靜氣氛。

●好的杯具也是成就一杯好咖啡的重要因素。 ●全神貫注在烘焙豆子上的老闆。

PART 肆 • 台南紳士愛泡咖啡館

●左頁：很喜歡從新美街看道南館，天氣好的時候，美得像幅畫。●左：二樓的王者寶座。●右：整整齊齊，一絲不苟，看了就舒服。

　　當然，多數人喜歡坐在一樓的吧檯區。因為可以看到老闆親手沖煮咖啡的過程，或是可以跟老闆聊聊。但，我相信喜歡獨處的朋友，一定更喜歡二樓的空間吧。

　　店內菜單有單品咖啡、一些茶飲，還有一些簡單的小點心。咖啡是用虹吸式出杯，老闆每次沖煮咖啡時，總有蠻多客人會拿起手機或相機來拍照，實在是有趣的畫面。而拿鐵咖啡則用愛樂壓（AeroPress）出杯，呈現方式與一般拿鐵咖啡有點不同，是把濃縮液打成慕斯，之後倒在冰牛奶上，口感與市面的拿鐵咖啡迥然不同。

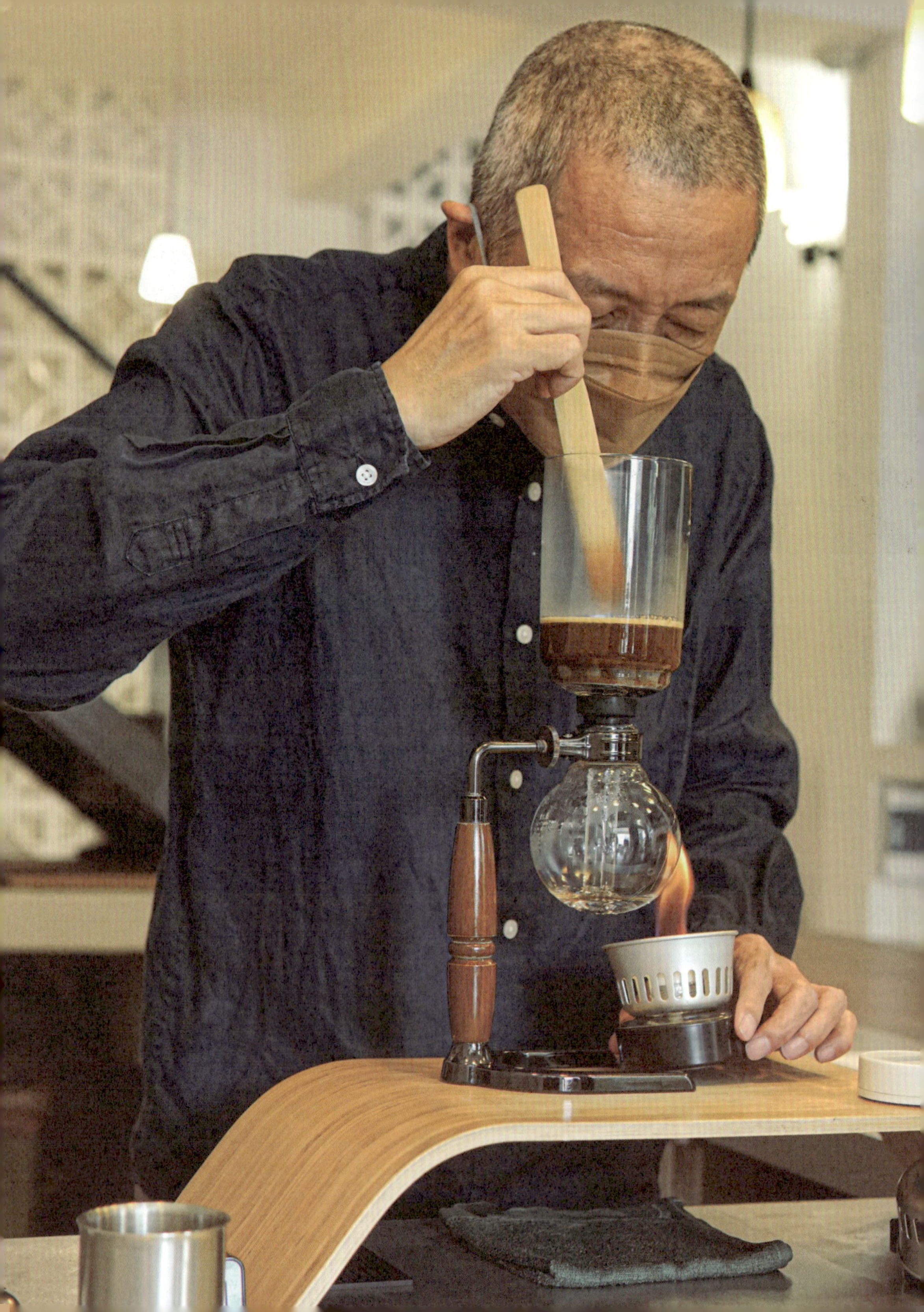

蠻喜歡一早來的時候，看見老闆在店頭專心烘豆的模樣。整體畫面很像在日本的老咖啡店會看見的感覺，我想這就是所謂的職人精神吧。

　整家店不只外觀乾淨，室內也整理得井然有序，到處都乾乾淨淨的，在這種優雅又舒服的環境喝咖啡，真的是人生一大樂事。在新店輩出的臺南，道南館依舊悠悠地矗立在山頭睥睨著，不追隨時下潮流，專心在咖啡本質上，正是我喜歡的原因。畢竟開一家咖啡店，最基本的，還是先顧好咖啡，是吧。

　我是一個很怕吵的人，尤其是人聲一直在那邊細細簌簌，常常令我煩心，但不管身在何處，總會遇到這種情形。現代人似乎很難安靜下來好好地面對自己，不管看書還是聽音樂，哪怕只是坐著發呆也好，好像是一件很困難的事，非得聚在一起嘰嘰喳喳不行。何不試著讓自己安靜下來，寧靜片刻，我相信這麼做百利而無一害。

　之所以喜歡道南館，很大原因是有好音樂，氣氛沉靜，可以好好沉澱下來，做自己想做的事，看自己想看的書，思考事情等等。每次來到道南館，都會有進入另一個時空的感覺，整個世界瞬間安靜且緩慢了下來，心也跟著靜了。

PART 伍

台南紳士
愛理容

BARBER SHOP

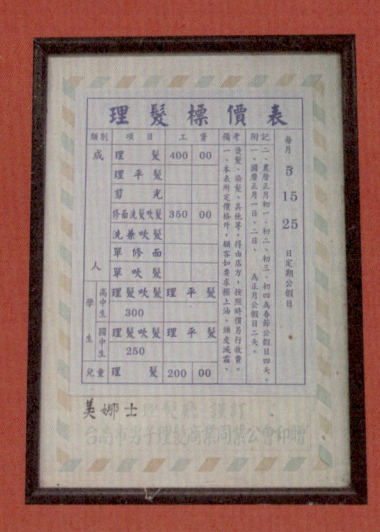

in

TAINAN

關於台南紳士喜愛的理容院……

我與敬淳的初次結緣，其實是在2019年的公園路「321巷藝術聚落」。當時舉辦了一個夜間市集，我在市集看見了一台移動式的木造洗頭車，整個吸引我的目光，駐足許久。儘管與洗頭車活動發起人——華谷第二代敬淳，擦身而過好幾次，但當時我並不認識她，她也不認識我，不清楚她的身份以及這台洗頭車的由來。但這台洗頭車一直在我腦海裡，也算是我與華谷的第一次邂逅。

之後回家查了資料，才知道原來是華谷理容院第二代，所發起的一個大型城市實驗企劃。藉由在城市移動，邊洗頭邊遊覽府城，探訪府城的老理髮廳之餘，還可一邊播放紀錄片，算是一個4D體驗，讓大家有機會親近與重新重視理髮廳這個逐漸凋零的老行業。

過了好幾年，因緣際會認識了敬淳。在她的引領下，徹底打開了我對這個行業的視野，進而想在這本書介紹四家府城的老理髮廳。

當然，臺南各地還有眾多老理髮廳還在努力著，他們共同面對的困境就是客層日益減少，師傅也年紀增長，如何在這種逆境之下尋找出口，我想是這個老行業需要認真思考的，但也希望透過這本書的引領，讓更多更多的年輕人願意走進傳統理髮廳，見識府城舊時榮光，體驗何謂享受，何謂傳統理髮。

只要去體會過一次，絕對會被深深吸引，才能理解爲何有這麼多人願意定期去這些傳統理髮廳，真的就是享受人生啊。

本章節真的非常感謝敬淳的引領，也非常感謝諸位老師傅敞開心房，愉快對談。

42 — 掀起傳統理容院風潮的指標人物

華谷理容院
Huagu Barber Shop

這裏 台南市安平區怡平路 410 巷 37 號
有關 13:00~21:00，每月隔週週二店休，會在粉絲專頁公告公休日。

　　華谷位於安平，是一棟自地自建的四樓建築（地上三樓，地下一樓）。初進華谷，一定會被那寬敞明亮又豪華的大空間吸引，我當時如同劉姥姥闖進了大觀園，不僅一樓，地下室也別有玄機，一間一間的裝潢不盡相同，還有一間是理容院城市旅行計畫的展覽間。這裡的一切對我而言都很新鮮，而且徹底改變了我對傳統理髮廳的既有印象，甚至會覺得，我真的可以進來這裡嗎？

　　實際體驗之後，二姐阿嘉的精湛手藝更是令人折服。阿嘉師傅真的非常細心，有深度的談話內容，也增添了理髮過程的樂趣。

　　華谷該說是很幸運嗎，因為第二代的兩位姊妹都願意接手，這在理髮廳這個行業裡是難能可貴的。目前二姐阿嘉已是華谷

的主力招牌，我去華谷也都由她操刀，她是一位十分細心而且重視客人的師傅。她會先仔細傾聽，再剪出適合客人的髮型，讓客人回家好整理、吹整，這也是我喜歡讓她理髮的原因。

而敬淳在進修理髮技術之餘（目前於新美街昭安理髮廳學習），還是理容院城市旅行計畫的主要推手。身為華谷第二

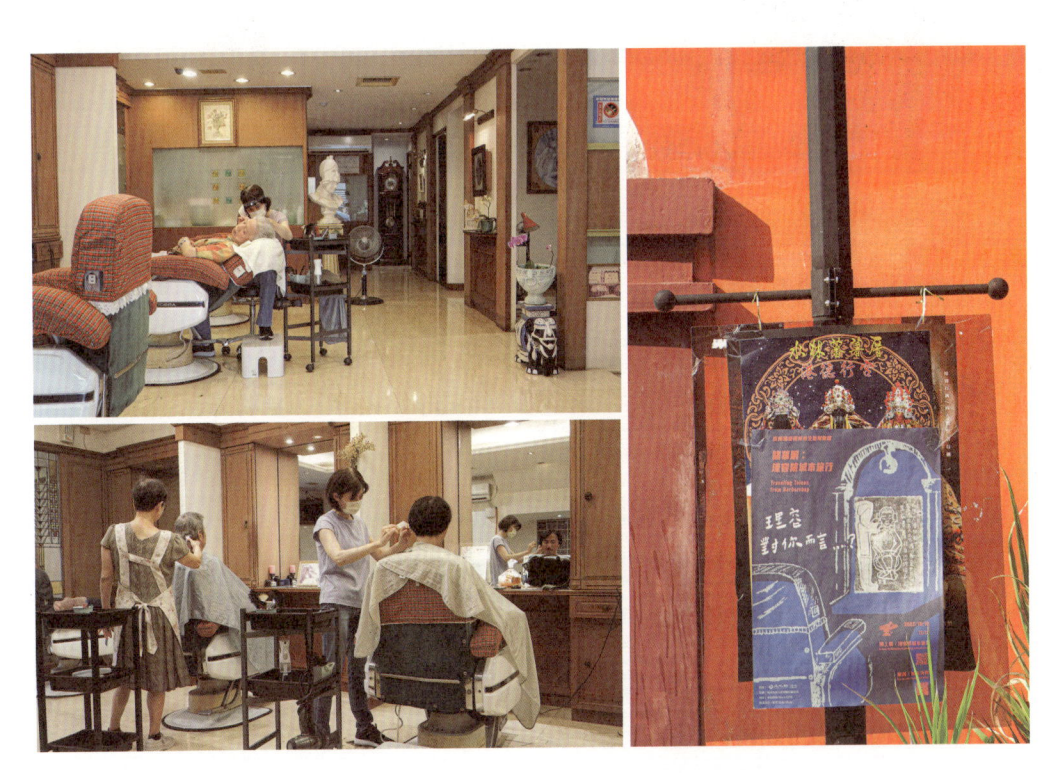

●初入華谷，肯定會被這裡的舒適環境所吸引。●令人欽羨也讓人感動的兩代同台畫面（阿霞姊與阿嘉），兩位都是撐起華谷半邊天的靈魂人物。●府城的紅牆，宮廟與理容院城市旅行計畫的海報，毫無違和的融合，我想這就是府城獨有的畫面。

PART 伍 • 台南紳士愛理容

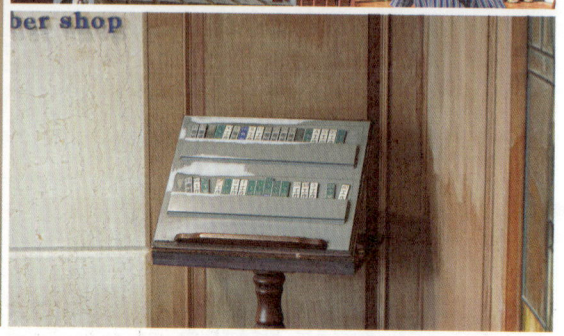

● 阿嘉正聚精會神地服務府城的傳統仕紳，兩位都帶著一絲優雅。● 敬淳的理容院城市旅行計畫，竟然安排在風神廟廟埕洗頭，著實讓人意想不到，不僅絕無僅有，而且空前絕後。
● 依然保有理髮廳的傳統排班牌。

代的她，從 2015 年的「理容院哈司托」*，到 2018 的城市洗頭車，這些源源不絕的點子，在她的執行力之下，一一實現了，身軀嬌小的她，背影卻如此壯大，令人敬佩不已。

老闆娘阿霞姊是創立華谷的靈魂人物，目前仍然是眾多老客人的唯一指名。除了高超的技術，她那大方且見識多廣的談吐，也是華谷總是充滿笑聲的原因。

---

* 理容院哈司托：以入睡理容院一晚為概念，鼓勵人體驗傳統理容院氣氛的民宿，已於 2017 結束營運。

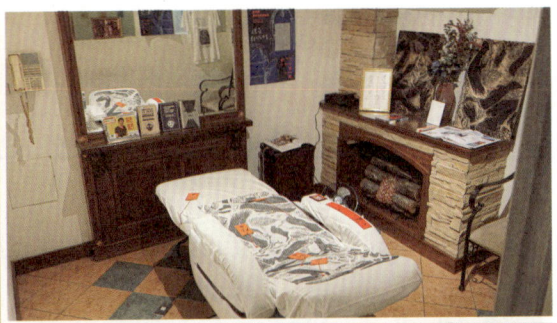

●來華谷真的就是享受,沒什麼好說的。●華谷地下室的理容院城市旅行計畫展覽間,在理容院裡頭看這個展覽格外有趣。●老照片與鮮花,乾淨整齊,華谷的環境真的很舒適典雅。

　　在現代與傳統之間,華谷取得了很棒的平衡,她們仍舊保有府城理髮廳的一切傳統,並且與時俱進,讓年輕人也願意進來理髮、洗頭、按摩,再經由敬淳的創意與執行力,透過各種現代媒體平台的發送,讓華谷被看見,進而讓府城的理髮廳被看見,甚至走出臺灣,真的是很不容易的一件事。

　　華谷三劍客:阿霞姐、阿嘉、敬淳,每個人各司其職,讓華谷縱使經歷時代流轉,依舊穩健經營,也讓人好生期待未來的華谷會蛻變成什麼模樣。

PART 伍 • 台南紳士愛理容

43 ── 風華數十年,品味高雅的高級修容店

東來高級理髮廳
Donglai Barber Shop

這裏 台南市中西區成功路 63 號之 1
有開 09:00~19:00,週一休,務必預約。

　　東來給人的第一印象有三個地方:其一,是門口的大衛石膏像;其二,是高級這兩個字;其三,就是不能清楚望見裡頭的隱密裝潢。這三點與其他理髮廳截然不同的設計,著實讓人在還沒進去之前就充滿好奇了。

　　一入內,整整八位師傅,十一張理髮椅以及滿滿的顧客,每位師傅都忙到不可開交,預約電話聲接連不斷,還以為停留在四五十年前的府城。理髮椅上盡是舒適享受的客人們,彷彿回到了舊時榮光的臺南,這景象讓我久久不能自己,實在太震撼了。

　　店裡的設計非常前衛新穎,難以想像在四十幾年前,老闆娘就願意花一百多萬元來裝潢,而且信任設計師,做出了直

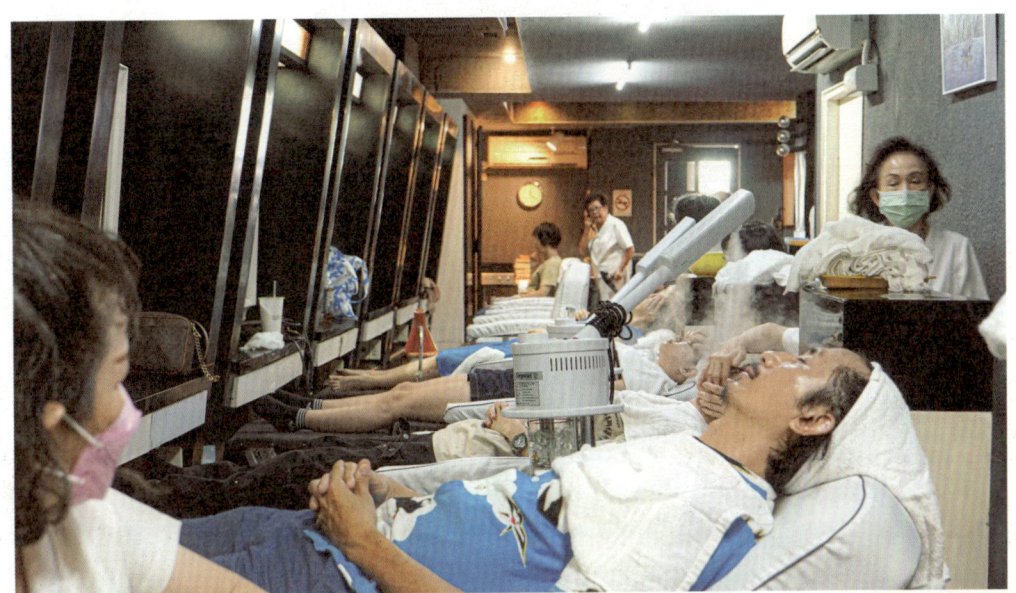

●以理髮廳而言，能夠像東來有這麼多客人的，實屬難得，也隱約可以想見當時府城理髮界的繁榮景象。●開朗活潑的老闆娘正在替客人吹整頭髮，總是滿臉笑意的她，儼然成了這裡的活招牌。

● 整家理髮廳滿滿的客人,師傅們忙得不可開交,清一色的白色制服,這是給人極為深刻的第一印象。

到現在依舊不落俗套的設計。以黑、白、灰三色為基調，讓整間店充滿俐落的感覺；店裡的師傅們一律穿著白色制服；每張座位的鏡子邊，皆會放置一束每週更換一次的鮮花；店裡流洩出來的是古典音樂，光是這些小細節，就足以說明為何能冠上「高級」兩個字了。

這裡的服務與一般理髮廳大致相同，但女仕也可體驗做臉、修甲、按摩、洗頭這幾項服務，更是讓這裡人氣暴增，店裡頭的男女比例幾乎一樣多，而且年輕族群不少，這是在其他理髮廳相對罕見的，而我也很欣喜看見這樣的畫面，畢

●大衛石膏像，半封閉式的門面，與一般常見的理髮廳差異極大。●每個位置前皆有每周更換的鮮花，這也是老闆娘的堅持。

竟在傳統理髮廳逐漸式微的年代，能夠把這項很代表府城的傳統手藝推廣出去，真的是很棒。

這裡的做臉服務非常熱門。做臉過程相當仔細繁瑣：先仔細地洗臉、進行臉部按摩，清洗乾淨之後，再用蒸汽蒸臉，毛孔打開後，再用機器吸出粉刺，最後使用每天新鮮自製的小黃瓜泥敷臉，休息片刻之後，再去除面膜，結尾還會簡單的按摩肩頸與雙手。整套做臉行程下來，真的倍感尊榮、舒服至極，整個人神清氣爽。

修腳甲也是相當特別的服務，但因為只有一位修甲師傅，所以最好先預約。看見老師傅戴起眼鏡，打起燈光，仔細地把腳指甲修整得整整齊齊，著實感覺很不好意思，畢竟我沒這麼認真的對待過自己的腳指甲呢。而且相對於手指甲，腳指甲算是比較不會讓外人碰觸的地方，老實講，甚至有一點害羞。

當然，除了做臉與修甲，理髮與洗頭當然也相當推薦。做完整套服務下來，真的可以體會到昔日府城阿舍或大老闆仕紳們的日常。何謂高級、何謂享受，真的可以在東來徹底感受到。

●每日新鮮現製的小黃瓜敷臉泥是這裡的獨門秘方。●修甲師正聚精會神地幫預約的客人修甲，專注的神情讓人忍不住拍了下來。

　　在東來，客人絡繹不絕，電話聲此起彼落，師傅們忙得團團轉，這是比較少在其他傳統理髮廳看到的熱鬧情況，甚至所有服務都得提前預約才行。我其實很希望這股熱潮能夠漫溢至其他傳統理髮廳，讓這門老行業在府城重新紮根，進而開枝散葉至臺灣其他城市，重返舊時榮光。

44 ——————— 以高超技術，引人回味舊時輝煌府城

美娜士理髮廳
Vevus Barber Shop

這裏 台南市中西區民權路一段 223 號
有關 08:00~20:00，無休

　　美娜士與美樂士（詳參下一篇）距離不遠，步行可及。兩家都是臺南理髮廳的老前輩等級，雖然服務細節稍有不同，但對於客人的細心程度，都是一等一的。

　　在五、六〇年代，臺灣經濟起飛，也是理髮業最輝煌的年代。當時因為經濟景氣，大家工作繁忙，也因此，理髮業主要是幫忙上班族出勤前，快速理好髮，頂著帥氣的髮型上工去。以現代人的生活模式而言，著實難以想像，但這些由第二代老闆娘口述的過往，引起我濃濃的興致，真的好想回到那時候的繁華府城看看啊。

　　美娜士的外觀實在很難忽略，尤其那兩塊手寫老招牌，每次經過都會特別看一眼，而大大的落地窗上頭寫著店名與男

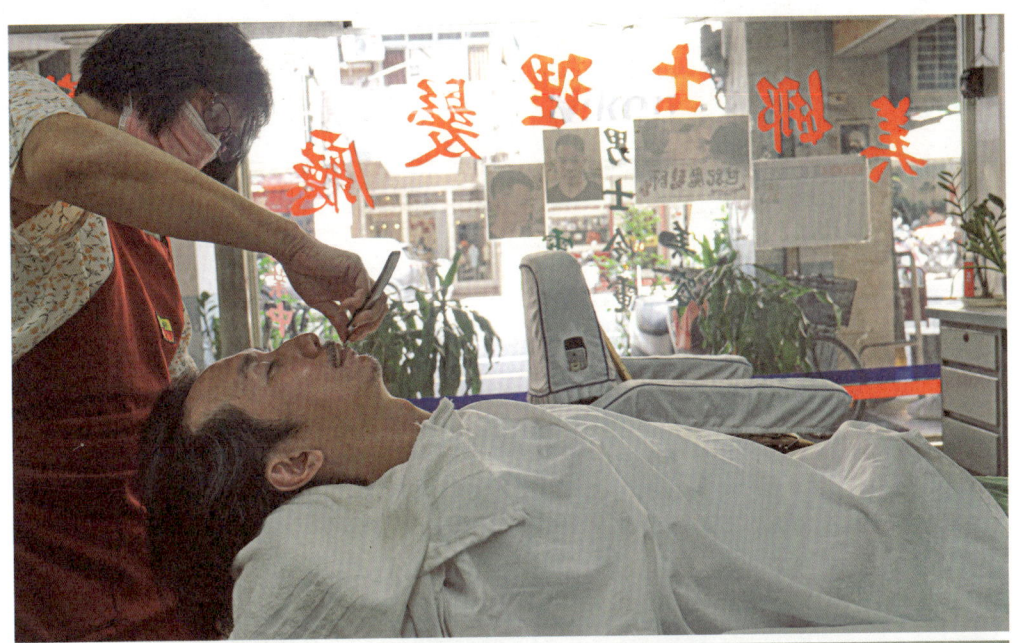

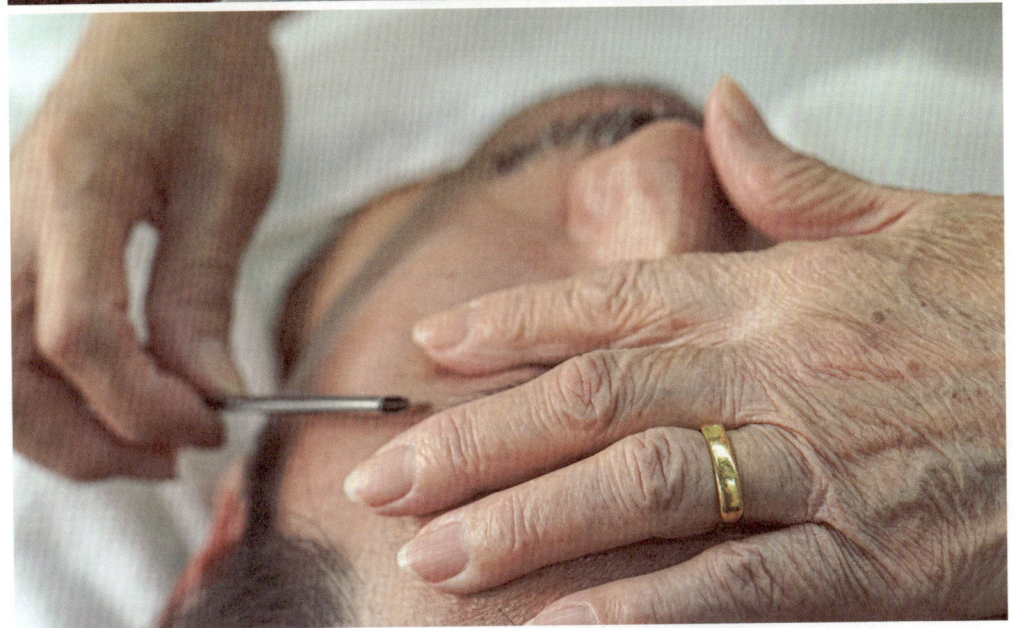

●老師傅的修容技巧不是開玩笑的，舒服到昏昏欲睡。●修整過無數客人秀髮的雙手，雖已佈滿皺紋，卻是讓人安心的印記。

美娜士理髮廳

●左頁：手寫招牌的溫潤感，是現今招牌無法取代的。●第一眼的感覺是乾淨清爽的，工具與物品也都擺得很整齊。

士冷電、電棒這些字眼，真的覺得有股濃濃的時代感，彷彿這裡就停留在五、六〇年代，讓人想入內一探究竟。

第一代老闆來自七股，在知名的「白雪理髮廳」習藝，之後出師，自行在現址開設了美娜士理髮廳。據傳，美娜士這個名字來自一位開文具店的客人，在老闆不知道取什麼店名的時候，客人以美神維納斯的諧音，取了美娜士這個名字。雖然已經無法證實，但我始終覺得這個由來著實有趣而且浪漫。

美娜士的空間，放眼看過去，給人一種明亮清爽的感覺。

入內之後，也是很清潔，理髮器具也都整理得整整齊齊，放置在木箱內，給人的第一印象真的很棒。而幫忙理髮修容的師傅，雖然已經不再年輕，但其專業細膩的高超技術，從修容時那細微的臉部觸覺就能深刻感受到。一把尖銳鋒利的剃刀，在她們手上揮灑自如，客人只需要靜靜躺著享受即可。當剃刀輕輕地劃過臉頰、眉心、耳朵，刮去了髒污角質，換來了一臉舒爽，真的是非常非常舒服。而這種技術，也只有在理髮廳才能感受到，現代的髮廊及沙龍是沒辦法有這種體驗的。

我想，這也是老客人們鍾愛理髮廳的原因。客人來了，只要好整以暇地坐著，無須多言，師傅們就知道來客的喜好，進而整理出客人喜歡的髮型，之後洗髮、修容，讓客人帶著最滿意的笑容走出理髮廳，這就是所謂的安心感。

其實，美娜士的第二代並不會理髮與相關技能，因此是由

● 彷彿看透客人人生的職人眼神，專注而溫柔。

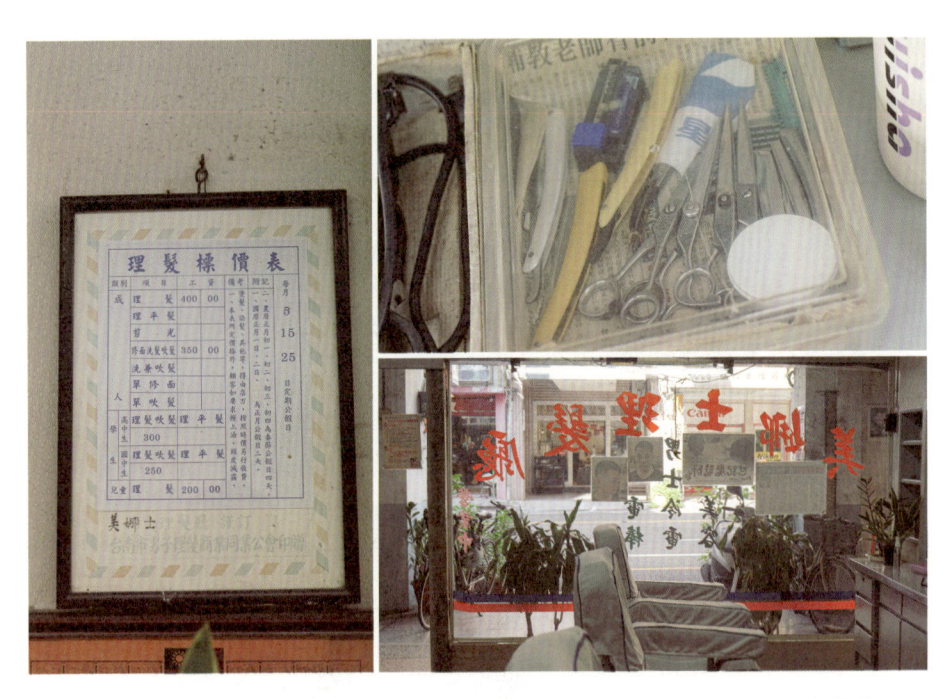

● 一清二楚的價目表，價格實惠。● 師傅的工具整齊的收置在盒內。● 充滿時代感的大玻璃，可以清楚望見店裡，讓客人可以放心地入內理髮。

兩位師傅來操刀。這兩位師傅相當溫柔仔細，不管是理髮、修容，我都有一種備受呵護的感覺，彷彿回到了舊時府城，想像自己就是哪位繁忙的商人，在上班前來整理頭髮，偷取一時半刻的悠閒。美娜士與其他理髮廳一樣，都面臨了斷層。當這些老師傅退休之後，誰來接手？除非有新血願意投入，或者第二代本身願意學習，不然這些理髮廳遲早都得面臨歇業的一天，這也是目前所有理髮廳面臨的困境。

※ 特別感謝：理容院城市旅行計畫 Taiwanbarbershoptravel，曾敬淳小姐的帶路引薦，萬分感謝。

45　——二代經營，充滿海洋人家的開朗氣息

美樂士理髮廳
Meileshih Barber Shop

這裏 台南市中西區青年路 224 號
有開 08:30~17:00，每月 5、15、25 日休

　　美樂士理髮廳在府城算是開業很久的老店，至今六十餘年，屹立不搖。初次見到美樂士的外觀，一定會被那優美的獨棟四層樓建築外觀所吸引，進而發現整個理髮廳門面都是藍色的，很有海洋氣息。一入內，從天花板、窗戶、櫃子、鏡子也都點綴著深淺不一的藍，我想這是因為老闆是澎湖人的關係吧。老闆喜歡看海，而且特別喜歡去看四鯤鯓的海。

　　老闆來自澎湖，國小一畢業就來到臺灣本島，向姐夫學習理髮技術，學了整整四年才出師。美樂士最初開在友愛街的南都戲院附近，之後搬到了莉莉水果冰旁，後來姐夫買下了美樂士現址這棟獨棟住宅（四層樓的建築，原屋主其實是布袋戲大師黃俊雄先生），美樂士也就定址於此了，與此同時，姐夫也完全把美樂士交給老闆自行營業了。

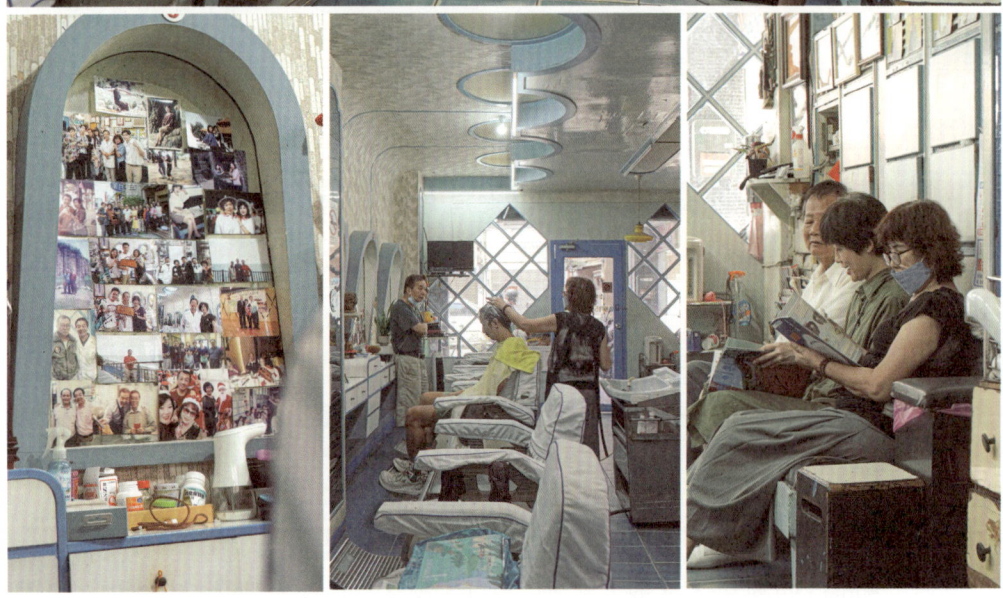

●老中青三代齊聚一堂,府城的午後美麗畫面。●老闆之前曾是工會的康樂股長,這面照片牆有著滿滿回憶。●店內裝潢也都是深淺不一的藍色,因為老闆來自澎湖,深愛著海。●偉群老闆、美樂士老闆娘、華谷第二代齊聚一堂。

●依舊服役中的賓士理髮椅,乘載了多少人的歲月。

　　正因為有堅實的技術打底,所以美樂士擁有眾多的忠實老客人。他們不遠千里而來,其中包含許多政商名流,至今仍然指名老闆來幫他們理髮;甚至還有客人是每個月從其他縣市過來,只因為他們習慣讓老闆理髮,足見老闆技術高超,令人折服。

　　老闆夫妻都是很風趣健談的人,在理髮的期間,大家總是說說笑笑的。可能因為大家都是老客人了,所以整間店的氣氛非常歡樂。大家可能聊著一些不著邊際的閒話,也可能聊著同行的趣事,又或者聊著子女的事情。言談之間,時間總是飛快,不知不覺中,頭髮就理好了。我想這不僅是一門技術,更是一種雙方的信任。

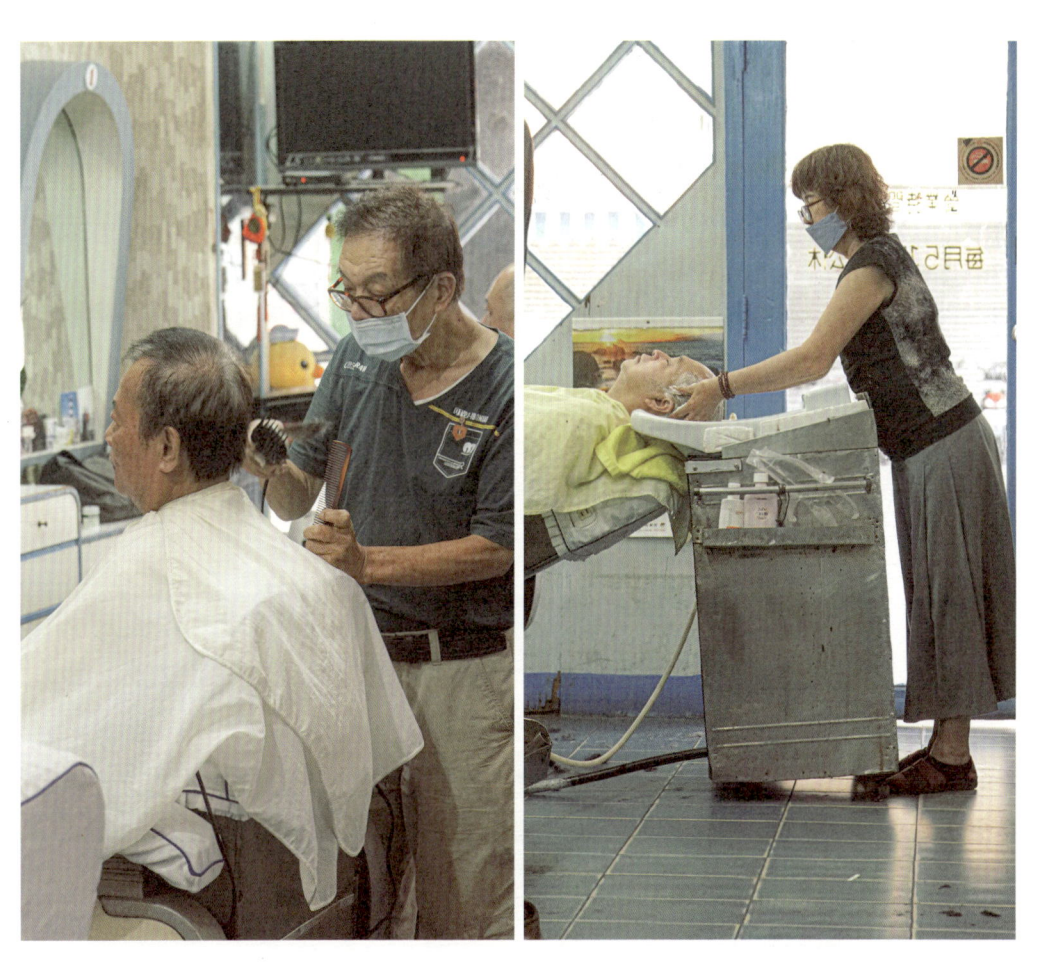

● 老闆在幫偉群理髮廳老闆理髮，兩位都是府城理髮廳的老前輩，很有趣的畫面。● 招牌的行動洗頭車，已有數十年歷史，依舊服役中。

我很喜歡美樂士的氣氛，比較像來找一位熟識的長輩聊天，而不是來理髮。理髮過程裡，老闆不時會哼著歌，一派輕鬆悠閒，其實也是老闆夫妻的寫照。他們喜歡唱歌、旅遊，總是說著人生只要健康快樂就夠了，還有就是做人要善良，多行善事。雖然都是一些老生常談，但由老闆這種見多識廣的人口中說出來，那種說服力是不可言喻的。

在傳統理髮逐漸式微的年代，老闆女兒還願意學習這門技術，實在難能可貴。畢竟以現代的潮流而言，多數人都選擇去髮廊或者沙龍，會選擇去理髮廳的通常都是長輩了，以至於生意越來越難做。即便知道有這種經營難處，還願意踏進這一行，真的讓人尊敬而已。

但或許是為人父母心吧，老闆並不希望女兒接手，畢竟這一行蠻辛苦的。但相反的，老闆娘卻希望女兒接手，因為老闆娘自己一路從逆境走來，當初她要學習時，並不被贊同，只是她憑著毅力，硬是走至今日，也被所有顧客認同，而且享受其中，所以她希望女兒能把美樂士的招牌傳承下去。

我其實很羨慕老闆夫妻，他們一起做著喜歡的事，並以此為生，二代也願意接班，與客人都宛如朋友一般，每天過得快快樂樂，天底下還有什麼比這樣的晚年人生還幸福的呢？

● 優美的四層樓建築，前屋主是布袋戲大師黃俊雄先生，一樓店面以藍色為主調，非常獨特。

PART

陸

台南紳士愛逛宮廟

TEMPLES in TAINAN

關於台南紳士熱愛的宮廟……

常看我文章的朋友，應該有發現，我們夫妻喜歡走廟，我也常常分享一些我喜歡的廟宇與廟會活動。我想這是深植於身體裡的基因，從小在地方大廟旁長大的我，童年玩耍的場域幾乎都是廟埕，也因此長大之後，對於城區裡的宮廟有了濃厚的興趣，甚至自己做了不正式田野調查。

如果你問我，拜拜到底能夠幫助你什麼？

升官發財嗎？不會。考試 100 分嗎？不會。
中樂透嗎？不會。吃六千牛肉湯免排隊嗎？不會。
高鐵買到 65 折嗎？不會。

那既然都不會，為何廟裡總是一堆人呢？包含我。
其實去拜拜有點像是跟心理醫生對談。

諸事不順，我們就找天公伯。
身體不舒服，我們就找大道公（當然還是要看醫生）。
想生意興隆，我們就找土地公或關聖帝君。
想考試順利，我們就找文昌帝君。

我覺得拜拜求的就是一種慰藉，更精確來說，天上各個神明，就好比心理醫生，傾聽著我們想對祂們說的話，我們心裡的話吐出來了，心情自然就輕鬆了，做起事情來，自然沒有那麼多罣礙，也就會比較順利，是吧？

臺南的廟很多，眾神齊聚，在路上常常可以看到有些叔叔伯伯阿姨，可能買完菜，吃完飯，還是出門散步，經過了家附近的廟，就停下來合掌一拜，我覺得那已經是一種生活，而不是一種儀式了。

而在近年來，臺南市政府對於宮廟文化這一塊有較多著墨，府城各宮廟也會嚴格管理廟會活動時的秩序，加上年輕一輩加入宮廟管理，導入許多文化導覽活動，就連除夕敲鐘活動也是由府城宮廟自行發起，進而擴散到整個臺南，眾多年輕藝師紛紛承先啟後的加入這一行列，不管是海報，制服，宮廟結緣品等等，都充滿藝術感，甚至引起收藏風潮，臺南的宮廟文化真的可以說是生氣蓬勃，創意十足。

以前大家避之惟恐避之不及的廟會活動，現在場場都有眾多年輕人與外國人的身影，再透過社群平台的推播，使府城宮廟文化逐漸為大家再次接受也逐漸轉型，也是我很樂於見到的一種轉變。

46 臺灣首廟天壇（天公廟）
Tiangong Temple

香火鼎盛，可以一次拜到眾多神明

這裏 台南市中西區忠義路二段 84 巷 16 號　MAP
有關 無休

在臺南，除了台灣文學館之外，我最常去的地方就是位於忠義路的天公廟。我每個月月初都會跟我太太來一趟，農曆年期間還會來兩趟，感謝諸位神明在這一個月，以及這一整年以來的照顧。

●左頁：每年天公生，這裡總是擠到水洩不通。●從忠義路進來天公廟拜拜，我想是臺南人都有的一個共同回憶。

PART 陸 • 台南紳士愛逛宮廟

● 新春時期的天壇，也是眾多府城人走春必來的地方。● 府城四大名匾之一：一字匾。

　　說我是這裡的忠實粉絲也不為過，每當我生活有所不順，或者思慮滯塞時，總習慣來這裡走走。我覺得這是一種無形的精神力量，讓自己的心靈有個寄託與出口，心理狀況好了，生理狀況才會跟著好。

臺南的天壇並不大，經歷多次整修，目前爲市定古蹟之一，更於 2022 年成爲臺南宮廟博物館的天字第一號。期待大家來參拜時，不要再來去匆匆，而是好好欣賞天壇的處處工藝之美。由於這裡可以參拜到絕大部分的神明，所以拜完之後，我都有種神力加持的感覺，正所謂的有拜有保佑。

此外，天壇在推行減香計畫，一人只要四柱香，就連天公爐也只需一柱香，不似以往都是十二柱或一大把；然後也以米代金，鼓勵用一包米來代替燒金紙，與時俱進的環保思維很不賴。

正因爲天公伯地位崇高、信徒眾多，每天都是香火鼎盛、熱鬧非凡。所以常常會發生一個狀況，就是整間廟的動線稍嫌混亂，沒有明確指示參拜方向與順序，導致大家擠成一團，該出去的出口有很多人想進來，該進去的入口有很多人想出來，尤其是大年初九天公生，當天晚上眞的是擠到出油，寸步難行。

所謂飲水思源，吃果子拜樹頭。我去任何一個地方，都習慣先去當地的大廟走走看看，祈求旅程平安，這是我長年的一個習慣。所以每當外地朋友來臺南，詢問有沒有推薦的宮廟時，我總是會推薦他們先來天壇走走，不僅正能量滿滿，也因爲位居舊城區的中心位置，不管去哪邊都非常方便。

●農曆六月初六是天貺日，所謂天門開，亦是年中補運的好日子，天公廟的人潮與天公生當天不相上下。●每每來到這裡，皆可看見誠心祈禱的信徒們，求的也不過就是一份心安，這就是宗教的力量。
●這裡也是台南宮廟博物館的天字第一號。●賴清德總統於 2024 年前來揭匾。

● 從中央氣象局臺灣南區氣象中心（原台南測候所）望向天公廟，前側即是日治時期的鶯料理，別有一番時代更迭的味道。 ● 天壇是一處相當有制度的宮廟，工作人員穿有制服，服務親切友善。

天宮廟最為人知的就是府城四大名匾之一的「一字匾」，其次為門口的「阿霞飯店」，以及臺南的魚丸湯傳奇阿伯（可惜因年邁，於 2015 年歇業），這三點幾乎可與天公廟劃上等號，也是眾多老臺南人對天公廟的回憶。

其實臺南天公廟有兩處，天壇主要是官拜，而玉皇宮是民拜。其實兩者沒有什麼高下之分，只要自己拜習慣即可。

補充一點，來天壇拜拜時，不用再往外拜天公了，因為祂就坐在裡頭。每次來參拜時，總是可以看見朝外拜的信徒，著實奇妙。

47 臺疆祖廟大觀音亭暨祀典興濟宮

佛道並存，溫暖守護來訪信徒

Daguanyin Pavilion & Xingji Temple

道表 台南市北區成功路 86 號　MAP
有關 無休。

　　除了天壇，大觀音亭與興濟宮也是我每個月習慣來參拜的宮廟。這裡非常非常特別的地方在於，主祀觀音佛祖的大觀音亭（佛教）與主祀保生大帝的興濟宮（道教）相鄰而建，著實罕見。

　　臺南是祀奉保生大帝的重鎮，從舊城區到舊縣區，每個鄉鎮都有歷史悠久的保生大帝廟，光是舊城區知名的保生大帝廟就有好幾處，例如：頂大道興濟宮、下大道良皇宮、大銃街元和宮、六興境開山宮，皆有三百多年的歷史，大道公似乎就在府城各地護佑著大家。我很喜歡這裡的氣場，每每來此，總是讓我覺得被呵護著。不同於天壇或者大上帝廟的陽剛正氣，我一直覺得興濟宮與大觀音亭充滿一股溫暖的氣場，讓我不自覺想好好坐下來，可能是休息一下，也可能是

● 全台唯一的祀典保生大帝廟，每年皆會舉辦春秋兩次祭典，祈求國泰民安，風調雨順。
● 每逢農曆三月十五，保生大帝聖誕，前來祝壽的信徒總是把整個正殿擠到水洩不通，花圈花籃擺滿廟的內外。

● 甲辰年府城迎媽祖，興濟宮二鎮經由觀音亭街前往番薯崎小南天土地公廟的路上，頗有一種回到舊時府城的錯覺。● 農曆六月初六是虎爺公聖誕，興濟宮的虎爺公會特地移到前頭，並舉辦各式藝文活動，相當熱鬧。● 興濟宮藥籤還有分科，求籤方式也很特別。

唸個經，也可能是發呆，又或者跟大道公或者佛祖說說話。

年紀已經到了中年，特別在意自己的身體狀況，或許是因為如此，不知不覺中，每個月都習慣來找大道公，看醫生之前也習慣來找祂求個心安，不管有沒有效，但至少心裡有個寄託與慰藉之後，身體狀況自然也會跟著舒緩了。

●每年農曆七月過後,縣城隍暗訪巡查是重頭戲,也已經登錄為市定民俗,家將們會在重要路口進行淨化,2022年剛好於興濟宮前,留下難得的畫面。

● 大觀音亭信徒眾多，每至佛辰，眾人誠心念佛，一片祥和。

　　這裡的藥籤非常知名，還有分科，求籤的方式也很特別，但身體不舒服還是先去看醫生比較要緊，我是這麼覺得＊。

　　興濟宮除了大道公之外，虎爺公也是赫赫有名。祂不似其他虎爺公是祀奉在主神桌下，這裡的虎爺公可是祀奉在案桌上，與其他神明一齊受到敬祀。可愛又霸氣的臉龐，深受各地的信徒愛戴，我也是祂的粉絲之一，但就因為實在太可愛了，廟方甚至放置了告示牌請大家不要撫摸祂。每年一到農曆六月初六虎爺公聖誕時，廟方會舉辦一系列的活動，而其中最為知名的，就是這尊虎爺公最愛肯德基炸雞。因此每到這天，大殿案桌上總是擺滿一片肯德基炸雞海，十分壯觀。

＊ 興濟宮藥籤：在醫療不發達的時代，廟方提供信徒問診、求藥籤，再依照藥籤的指示到中藥房抓藥回家服用。至今廟內仍保有眼科、大人內科、小兒科、外科等四類藥籤。廟內亦有圖示，教民眾如何向保生大帝「問診」。（資料來源：台南旅遊網）

● 大觀音亭常見安靜念經的人們，或坐或站，專心致志，不做二想。● 府城四大月老之一，闊嘴月老。● 全台唯一的官廳，目前做為文物展示與解籤之用。

相鄰的大觀音亭也是信徒眾多，不管何時來，總是有許多信徒在念佛誦經，前殿與後殿皆是，尤其是誕辰、得道、出家這三個紀念日時，更是滿滿信徒。

祀奉在一旁的月下老人，是府城四大月老之一，分別是：大觀音亭的闊嘴月老、祀典武廟的拐杖月老、祀典大天后宮的緣粉月老，以及重慶寺的醋矸月老。四位月老各有特色，也各有專長。常見單身男女前來求姻緣，祈求月老幫忙牽線有緣人，或許在科技進步的年代，還是有一支手機辦不到的事情吧！

48　府城鷲嶺北極殿

位於府城舊時商業重心，繁榮盡收眼底

Beiji Temple

這裏　台南市中西區民權路二段 89 號　MAP
有開　無休。

　　北極殿位於車水馬龍的民權路二段上。民權路即是荷據時期著名的「普羅民遮街」，西起大井頭（永福路民權路口），東至鷲嶺（也就是北極殿這裡）。直至明鄭時期，人口逐漸聚集，商業行為也逐漸繁盛，與禾寮港街（現今忠義路）交會，形成了所謂的十字大街。直至清朝，這一區的商業行為達到最巔峰，百工百業皆聚集於此，儼然成為府城最重要的中心，至今仍是府城舊城區最重要的道路之一。與十字大街比鄰的北極殿三百多年以來，一直庇佑著府城的居民。此地也是府城城區七丘最高的鷲嶺，如果在清晨時從廟門口往西看，可以很清楚的一路望到西門路去，足見其地勢變化。有句俗諺是這麼說的：「上帝廟坱墘，水仙宮簷前」，意指北極殿的石階高度約莫等於水仙宮的屋簷。站在現今的街道去想像舊時的地理位置，其實是一件非常有趣的事情。

● 正殿氣氛相當嚴肅沉穩，柱子顏色也都是漆上代表北方的黑色，相當罕見。● 廟裡有相當多潘麗水大師的作品。● 府城七丘之一「鷲嶺」，也是府城舊城區地勢最高之處。

　　這裡一直是我覺得氣場很強勁的地方，或許是因為主祀玄天上帝的關係吧。每每來到這裡，我都忍不住告訴自己要加把勁、要更努力、不能怠惰、不能做壞事，上帝公都有在看著我。但一去到後殿，望見慈悲為懷的觀音佛祖，還有一旁的桃花女與周公，心境瞬間也隨之柔軟了下來，這種前後殿的氣氛轉變，一直是我覺得北極殿很獨特的地方。

PART 陸 • 台南紳士愛逛宮廟

●剛正不阿的上帝爺公，魄力十足。　●相傳這尊地基主是鄭成功。

　　後殿一旁還祭祀著地基主，雖然地基主是家家戶戶必拜，但連神位都罕見，更何況是神像。而這尊神像相傳是鄭成功，因為清朝時無法光明正大的祭祀明朝的鄭成功，所以才會用這麼隱晦的方式來祭拜，這一點著實有趣。

　　北極殿因為創建歷史悠久，廟裡滿滿都是珍貴古物。除了眾所皆知的潘家作品，還有臺灣現存最古老的明代匾額，以及將近兩百年的古鐘。鎮殿二上帝亦有三百多年歷史，甚至於 2024 年時，與開基靈祐宮的玄天上帝神尊，進行了三百餘年以來的首次碰面，著實讓人感動，一時蔚為佳話。

但就如府城其他宮廟所面臨的狀況，因為城市計畫的關係，許多宮廟的規模都逐漸縮減，北極殿也不例外。許多老廟幾乎只能在城市夾縫中孤然佇立著，但這種古今交融、新舊合一的城市風貌，也是一種相當能夠代表府城的模樣，共榮共存，大家一起好好地生活下去，繼續邁向下一個百年。

● 後埕供奉著桃花女與周公，將爺表情很傳神，算是相當罕見的將爺。● 因城市演化，廟埕縮減至今日的模樣。眾多活動也只能因地制宜，無奈卻真實。● 門神是少見的黑底金色雙龍，潘麗水大師作品，千萬不可錯過。

49 ── 肅穆城隍與時下潮流交融之地

臺灣府城隍廟

Taiwan Fu City God Temple

這裏 台南市中西區青年路 133 號　MAP
有關 無休。

　　府城隍廟的府，指的就是清領時期的臺灣府。當時在府城隍廟的一旁即是臺灣府署，也是清領時期的次高行政機關。陰陽兩治相鄰，著實特別，但也凸顯了這裡在清領時期的崇高地位。而在立人國小那邊，則有縣城隍廟，舊城區裡就屬這兩間城隍廟最為知名。

　　府城隍廟就位在人來人往的東市場斜對面，採買的人群眾多，婆婆媽媽們如果經過府城隍廟時，也有很多人會誠心一拜。我想這是府城很常見的景象，古蹟與信仰早已融入我們的日常生活，無須特地前往，我想這是身為府城人的幸福與驕傲。

　　因為都市發展的關係，使得這裡原有的廟埕消失，拜殿也

●每年都會舉辦許多藝文活動以及市集，讓市民願意親近古蹟並了解自己的城市歷史文化。●每至府城隍威靈公聖誕，交陪境與友境宮廟花圈總是擺滿廟邊。●這裡的糕仔比較大，上頭還有八種賜福意涵刻字，非常細緻。

PART 陸 • 台南紳士愛逛宮廟

●府城四大名匾之一「爾來了」。●廟後頭有市區少見的大片庭園，參拜完之後，是個休憩的好地方，算是市區的小秘境。

●府城隍威靈公。

緊鄰著繁華的青年路,但因為縱深極深,反倒衍生出一種莊嚴肅穆的氣氛。創建至今三百餘年的歷史,裡裡外外都有著傳統工藝的極致展現,門神彩繪、神像、龍柱、匾額、剪黏、木雕……等等。不管在文化、建築、工藝都有珍貴的存在價值,因而成為國定古蹟,甚至臺南市政府的宮廟博物館之一,當初獲得認證時,還找來了眾多與府城隍廟有關的地方人士前來共襄盛舉,一同見證。

大家都知道,當我們人生走到終點時,都得去城隍爺那裡聽從審判,計算這一生的功過。廟內最知名的「爾來了」(你終於來了)匾額,以及大算盤(計算這一生的功過)就是在講述這些事情。

PART 陸 • 台南紳士愛逛宮廟

●甲辰年府城迎媽祖，府城隍廟出動了大算盤，穿梭在府城大街小巷裡，相當震撼。●府城宮廟於農曆年前，皆會清屯送神關廟門上封條，此時也是觀賞門神的絕佳時機。●府城傳統工藝茄苳入石柳大師——劉進文老師的大作。

廟裡擺著眾多刑具、警世對聯，以及拜殿兩旁的甘、柳將軍、七爺八爺，更是讓人不寒而慄。因此，城隍廟總是散發出一股難以親近的氣場，但其實只要平常秉持著諸善奉行，諸惡莫作的原則，根本沒有甚麼好害怕的啊，我反倒覺得來這裡讓我更添正氣，有空時都會來參拜。

府城隍廟位於舊城區相當繁華的地段，附近除了東市場，還有萬昌街與衛民街這兩條街道，近年來開了眾多小店，有服飾店、咖啡店、拉麵店、酒吧、潮流店、餐具店……等等，成為年輕人聚集的地區。

其實這一大片區域就是清領時期的府署，以及考棚與書院，是塊人文薈萃的寶地，演變至今，竟然成了臺南市區的潮流引領地，這點我一直覺得非常有趣。從歷史的角度來看，現在的地貌以及種種社會活動跟商業行為，這種反差魅力讓我深陷其中，實在太有趣了

如果從城隍街走來，可以看見三百多年歷史的府城隍廟，就位在後方新式大樓的正前方。我每次走來看見這個畫面，都覺得類似的畫面在府城隨處可見，所謂的古今交融不就是如此嗎？但如何保衛府城的天際線，也是一門很大的學問。

PART 陸 • 台南紳士愛逛宮廟

50 ——— 不可錯過！國寶級彩繪大師及台灣英雄剪粘

八吉境五帝廟
Bajijing Wudi Temple

這裏 台南市中西區忠義路二段 87 號　MAP
有關 無休

說到五帝廟，可能蠻多人不知道在哪裡，主祀的神明又是誰。縱然在府城，五帝廟相對於其他廟宇，名氣也比較不那麼響亮。其實五帝廟就在林百貨附近，正對面即是鄭成功祖廟，以及開基三官廟。五帝廟主祀五顯大帝，在熙攘往來的忠義路車潮人潮裡，顯得格外清幽。

這裡創建於明朝，歷經多次整修，最近一次是在 2018 年。其中最讓人感動的事情是，整修工程的所有費用，皆由廟方自籌。之前因為道路拓寬的關係，五帝廟被取消了古蹟資格，因而沒有動用到公部門的資源。其中一位出資人更是獨力出資三分之一，讓人敬佩不已，更何況她還是信仰不同宗教，實在難能可貴。

●五帝廟夾在兩側大樓之間,顯得格外特別,卻是府城常見的日常景致。●這裡的虎爺公也是相當可愛。

PART 陸 • 台南紳士愛逛宮廟

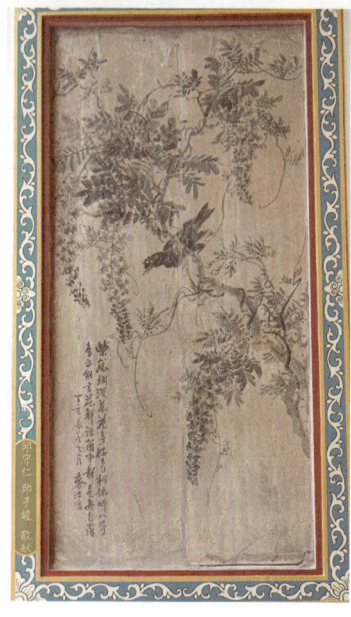

●潘春源大師所繪製的〈商山四皓〉。●廟裡滿滿都是潘春源大師的作品。●水車堵上頭裝飾的西拉雅時期之泥塑剪粘作品。

五帝廟雖然位於知名的觀光熱區，但來這裡參拜的人似乎不多，對比一旁知名文青咖啡店、冰店的人潮洶湧，廟裡總是一派清幽。或許是因為這樣，每次前來，總是可以好好休息，好好欣賞聚集府城眾多重量級廟宇工藝大師的作品。

　　廟內最大的特點，就是有著許多潘家三代作品。因為由潘春源大師所創立的「春源畫室」，即位於五帝廟斜對面，所以廟內有著三代大師的作品。

　　其中最為人所知的，即是畫中畫。最早期由潘春源大師所繪製的〈商山四皓〉，與之後重疊其上，由潘麗水重新繪製的〈三綱五常〉。直至2013年整修時，才將〈三綱五常〉這幅壁畫，拆開移至後殿，並於2016年重組完成，堪稱美談。而廟外的門神，則由潘岳雄所繪。此外，廟裡還有許多大大小小的作品，皆是潘家三代大作。除此之外，還有一個大亮點，就是滿滿的臺灣元素。一般廟宇在三川殿屋脊上，通常皆是裝飾剪黏作品，但這裡的四個燕尾脊分別是：嘉南大圳之父八田與一；引進西方教育、勇於與日軍談判，使得府城免於炮火之災的巴克禮牧師；烏腳病之父王金河醫師；以及二二八事件中的臺灣英雄湯德章律師。

　　這四位對府城，甚至整個臺灣都有著卓越貢獻的四位主角，

就昂然而立在四個屋脊上，不僅特別，而且格外有意義。而在三川殿水車堵的位置，也分別裝飾了西拉雅時期、荷據、明清，以及日治時期的泥塑剪粘作品，這也是在廟宇裡相當罕見的。雖然在 2018 年重新整修、入火安座，但卻採用了許多與臺灣有深厚連結的歷史跟人物做連結，這點是我覺得很感佩的地方。大家生活在這塊土地上，卻不一定對這塊土地有什麼了解，透過這些剪黏藝術，讓進來的信眾多少也能進一步認識自己的土地；再者，這些英雄，不分國籍為臺灣奉獻了他們的一生，是不是也能讓自己國家的人民有所反思呢？

五帝廟座西朝東，從清晨到夜晚都有不同的景致，尤其從鄭成功祖廟旁的巷子看過來，更是別有韻味。

●三川殿屋脊上的湯德章律師。●一入內即可感受到五顯大帝炯炯有神的目光。●甲辰年府城迎媽祖，五顯大帝神轎停駐於新美街時。

●由潘岳雄繪製的門神，關上廟門之後來欣賞，別有一番韻味。

51　宛如藝術博物館的廟宇

八吉境道署關帝廳
GuanDi Temple of BaJiJing

這裏 台南市中西區友愛街 40 巷 11 號　MAP
有關 無休

　　在府城主祀文衡聖帝的廟宇裡，八吉境關帝廳是我最常去參拜的一間，雖然不若祀典武廟以及開基武廟的名聲響亮，但依舊不減我對這裡的喜愛。

　　關帝廳就位於友愛街，臺南美術館二館側面的巷子內。如果一大清早來，金黃色的晨光灑落在廟宇時，綠瓦綠樹，真的絕美萬分。

　　廟宇的格局小巧精緻，從裡到外，滿滿都是府城知名工藝。尤其是擁有潘麗水大師的大量作品，從門神到樑柱到壁畫，更是讓人看得目不轉睛，簡直是潘麗水博物館。廊前梁柱的書法，也是府城知名書法家玖公的作品。雖然主祀文衡聖帝，但這裡的氣氛一派輕鬆優雅、容易親近、充滿藝術氣息，也是我喜歡來的原因之一。

●小巧精緻的關帝廳，彷彿也是座潘麗水大師的博物館。

PART 陸 • 台南紳士愛逛宮廟

●傳統舞蹈團在關帝廳前展現柔美舞姿,與坐鎮關帝廳的文衡聖帝形成了有趣的對比。●剛正威猛的文衡聖帝。●一大清早由廟裡望出去,一派清幽。

　　八吉境關帝廳近年逐漸受到觀光客的矚目,我想有一個很大原因,要歸功於蔡舜任團隊的修復。在經歷了將近兩年時間之後,這裡整個脫胎換骨,宛如重生。當然,這也得有廟方的全力配合才行。

　　自從修復完成,每每可以看見廟公在一早仔細地清掃廟埕,各種廟會慶典也都積極參與,加上社群平台的興起,訊息瞬間推散出去,讓更多人知道這裡的藝術價值,進而願意親近,入內參拜,我想這就是最棒的事情了。

　　可能有蠻多人還把宮廟跟 8+9 畫上等號,但其實最近幾

●甲辰年府城迎媽祖，裝飾在轎頂的封神榜紙偶，是由忠正藝術工坊所製，藝術性極高。
●關上廟門之後的關帝廳，一樣迷人。● 2024年端午推出的五毒符，因設計精美可愛，在網路上造成了一股收集熱潮。

年,有不少年輕一輩的主事者,開始嚴格地管理旗下的人員。加上眾多新一代有才華的藝師加入這一行,之前在新聞報導裡出現的荒唐行徑已經收斂許多。我也發現在許多廟會活動裡,出現了許多年輕人,他們很認真的拍照記錄,並且在網路上分享,而許多宮廟的活動內容與宣傳海報也非常有質感,這也是我非常樂見的。

在八吉境關帝廳的廟埕內,開了一家很有質感的民宿及咖啡廳,也直接把更多的旅客,尤其是把年輕人帶進這一條小巷,進而接觸關帝廳。

從民宿的角度來看,晚上入寢時,一想到旁邊就是正氣凜然的文衡聖帝,大家應該都會有個香甜的好夢。不管是從民宿客廳,還是二樓的陽台,都可以很清楚而且近距離的感受到廟宇散發的正氣,這真的是一件非常棒的事情。而從咖啡店的角度來看,二樓的靠窗及露臺位置,也可以完全的欣賞到的傳統工藝,讓年輕一代輕易接觸到府城廟宇。

近來,府城越來越多的廟埕,出現了年輕人開的店,彷彿回到了以前府城熟悉的模樣。廟埕恢復了往日的熱鬧氣氛,也回復了廟埕該有的功能與景象,真的讓人很開心。

●廟埕開了一家新民宿,老屋修舊如舊,雅致秀麗,與關帝廳的氛圍相當契合。

52 — 令人津津樂道的祖師爺與觀音合祀美談

六合境清水寺
Liouhejing CingShuei Temple

這裏 台南市中西區開山路 3 巷 10 號　**MAP**
有關 無休。

　　清水寺街是我非常喜歡的一條小街道，雖然不長，但於清晨時分來這散步拍照，晨曦灑下來的光影實在很美很美。而清水寺街一帶的信仰中心即是清水寺，幽靜安閑的氣氛，跟這條老街道實在很合拍。

　　乍看名字，或許會連想到京都的清水寺，但這裡的清水寺，其實與民間神祇──清水祖師＊有關。六合境清水寺原本主祀清水祖師，後來據說在清朝時期，從枋溪上流飄來一塊漂流木，經由廟方擲筊，本地居民就把這塊木頭刻成了觀音佛祖的寶身，進而改為主祀觀音佛祖，成為水流觀音的由來。

＊清水祖師：法號普足，俗名陳昭應（西元 1045 年～ 1101 年），北宋時代福建泉州安溪的高僧。（※ 資料來源：內政部全國宗教資訊網）

●這裡的環境非常舒服，滿眼綠意，廟埕也常常是舉辦活動的地方。●清水祖師與水流觀音合祀。●甲辰年府城迎媽祖，清水寺神轎入開隆宮。

而這尊水流觀音，也與原本的清水祖師一起接受信徒的祀奉，蔚為美談。清水寺雖然已於民國 100 年重修，但依舊維持著細緻優雅的外觀。尤其是廟埕兩棵巨大的老榕樹，搭配著綠色屋瓦，實在很漂亮。不管是從開山路進來，還是從友愛東

街進來，一定都會被清水寺所吸引駐足，進而入內參拜。一入拜殿，映入眼簾的即是觀音佛祖的金身，前頭即是清水祖師，而門神畫的則是四大鬼王。因為清水祖師曾經與四大鬼王鬥法，後來四大鬼王輸了，心悅誠服的成為了清水法師的四大護法。所以，只要去到祀奉清水祖師的廟宇，門神畫的有可能會是四大鬼王。此外，廟內滿滿的老匾額，足以證明此處悠久的歷史。

至於廟前的清水寺街，也就是府城老溪流枋溪的河道，至今依舊潺潺的流著，但始終被鐵蓋蓋著，非常可惜。其實枋溪不只是水流觀音的「水流」二字由來，也是清水寺上頭大大的寶筏渡川匾額，以及清水寺街的由來。既然緣由都來自枋溪，如果能夠讓枋溪重現天日，不是更棒嗎？清水寺相當平易近人，像街坊鄰居一般。縱使我不住附近，但只要來到附近辦事或者用餐，總是會想走過來參拜，而這也是我想特別介紹的主要原因。一間廟宇給我們的氣場感受是很主觀的，而這裡總是給我一個很放鬆的氛圍，自由自在的。

近年來，清水寺街的社區營造非常成功，尤其是銀同社區長輩們的積極投入，更讓大家津津樂道。每每參加導覽來到銀同社區時，長輩們的活力真的讓人嘆為觀止，或許是生活在這麼舒適的環境裡，長輩們都很健康，也保有童心，讓人欣羨。

● 清水寺街是一條很適合散步的老街，底下就是枋溪，著名的祿記包子就位於這裡。● 馬公廟輔順將軍回鑾繞境入清水寺的當下。● 清朝的石獅，古樸可愛，目前移置後殿收藏。

　　廟前與清水寺街周遭近年來也開了不少有趣的小店，就連京都知名咖啡店「here kyoto」的海外首店也落腳此處，替這裡注入了不少青春活力，新舊交融的景象，正是府城最迷人的所在。

PART 陸 ● 台南紳士愛逛宮廟

53　　緊鄰天主教堂的超靈驗土地公廟

六合境大埔福德祠
Liouhejing Dapu Fude Temple

這裏 台南市中西區開山路 203 號
有關 無休

　　在府城，如果談到土地公廟，我想有很大一部份的人，會提到開山路這間土地公廟。「六合境大埔福德祠」位於延平郡王祠斜對面，不管何時來，總有絡繹不絕的香客。雖然廟體小小的，格局也不方正，但其靈驗的傳說，怎麼也說不完，三不五時就有酬謝神明的布袋戲在斜對面的路口演出，每到福德正神聖誕（農曆二月初二），更是連演數日，也驗證了這裡的超高人氣。

　　據傳，大埔福德祠的土地公與六合境另外兩間土地公廟的土地公為親兄弟：大埔福德祠是三伯公，大伯公是仁厚境福德祠，而二伯公是油行尾福德爺廟的土地公。三間土地公廟相鄰這麼近，也難怪大家都說土地公是最親民、最普遍的神明，也號稱是神明界的里長伯。好比位於臺南北區的總爺古街（崇安街一

●不管何時來,總是有著眾多信徒。 ●喜氣洋洋的特色香火袋

●儘管廟體狹窄，卻是府城香火最旺的土地公廟。

●每至土地公聖誕,香客多到可以把周遭完全阻塞住。 ●斜對面路口最常見的景象,總是有著酬神的傳統戲劇在上演著。

帶),街頭街尾各有一間土地公廟*,也是非常有趣。

2020年,油尾行福德祠舉辦「三朝建醮大典」,三間土地公廟以及聯境廟宇*的看桌,綿延了整條開山路,內容精彩絕倫,包羅萬象。除了各式牲禮,還有各種乾貨、罐頭、食品,透過精巧手藝,打造出一桌又一桌的好戲。到了夜晚,更彷彿不夜城,各式布袋戲、歌仔戲接連開演,至今難忘。

---

* 總爺古街的頭尾土地公廟:從公園南路連接進來的崇安街一帶,原為清代的總爺街。而總爺古街在風水上屬於能聚集吉氣的「蜈蚣穴」,故過去居住此地的人家非富即貴。蜈蚣穴也反映了土地公廟的位置,「鎮轅境頂土地公廟」位在頭部,忠義路上的「總祿境下土地廟」則是尾端。(※ 來源:微笑台灣網站)

* 聯境廟宇:「境」意指一間寺廟的轄區或祭祀範圍,聯境則是由數間寺廟共同組成。台灣清代中葉以後,基於民防需求,由城內耆紳聯合數境街眾組成聯境組織,成為府城地方維安與城防的主力。(※ 來源:臺史博線上博物館網站)

PART 陸 • 台南紳士愛逛宮廟

　　大埔福德祠因為都市計畫的關係，多年來一再遷移或者寄祀他處，最終才定址於此。廟體所在地又因為道路規劃的關係，呈現了罕見的直角三角形的格局，儘管空間狹窄，香客依然踴躍。每逢天公生或者頭牙（農曆二月初二），廟內總是充滿極其誇張的人潮，人車多到需要交通管制，整個路口為之癱瘓。廟旁大埔街上巨大的香爐，與狹窄的廟體呈現了有趣的對比，足見香火之踴躍。

　　六合境大埔福德祠所在的府城開山路上，人文與商業氣息濃厚，綠樹成蔭，整條路聚集了許多人氣商店、小餐館、咖啡店、傳統小食店、選物店、甜點店……，而福德祠後頭那一整片蜿蜒曲折的老街區裡，更是滿滿驚喜，值得大家細細探索。

　　另外，福德祠緊鄰天主教中華聖母主教座堂，兩邊雖分屬不同宗教，但交誼良好，在各自的活動慶典時，皆會邀請對方參與，我覺得這才是宗教的真諦吧。

　　來土地公廟，我想絕大部分的人都是為了求財，當然我也不例外。但是，拜土地公並不會讓你一夜致富，大家還是要好好工作，好好讀書充實自我，這才是最重要的事，世界上沒有不勞而獲的事。

● 2020年,油尾行福德祠三朝建醮大典,三間土地公廟以及聯境廟宇的看桌,綿延了整條開山路。● 溫暖慈祥的三伯公。● 廟其實不大,但香爐卻異常的巨大,代表這裡香火鼎盛。

PART
柒

台南紳士愛散步

SLOW WALKS
in
TAINAN

關於台南紳士的散步路線……

我覺得住在臺南，有一個很大的優點，就是有很多地方可以散步，巷子裡到處是驚喜，再深再細再偏僻的巷子裡，都會有意想不到的店開在那，這真的滿特別的。

日本有一個電視節目叫做《有吉君的正直散步》（有吉くんの正直さんぽ），是我非常非常喜歡的節目，有吉弘行主持的，每次都邀請不同的來賓，每次都會設定去一個地方做深入的散步，只要看到有興趣的商家或是餐廳，就進去稍微採訪一下，有點類似 No plan（無計畫）的一個散步節目，十分有趣。

他們不求散步的廣度，但要求深度，每次都只在一個小區域散步，然後盡可能的去挖掘這個區域的所有的有趣的人事物。

我認為臺南正是如此，每一個小小的街區，只要好好的去散步，裡頭都會有很多特別的驚喜。但是，有一個很大的重點就是，要保持高度的好奇心與觀察力。很多有趣的細節，或者這個老城市的歷史軌跡，其實都在不起眼的路邊而已。

而說到散步，我相當推薦在一大清早出門，當整個城市還沒甦醒，路上鮮少人車時，可以很清楚地看見這個城市的脈絡以及地勢起伏，自由自在地悠遊其中，怡然自得，妙不可言。

倘若可以，真想回到日治時代的臺南去看看。

臺灣文學館

National Museum of Taiwan Literature

繞著走一圈，來趟穿梭古今的時光之旅

這裏 台南市中西區湯德章大道 1 號　MAP
有關 09:00~18:00，週一休

　　時常有朋友問我，在臺南生活這麼久了，應該每個地方都很熟悉吧，有沒有特別喜歡去或者特別推薦的地方呢，我總是第一時間回答：臺灣文學館。

　　沒錯，整個臺南市舊城區裡，我最推薦的地方，不是安平古堡，不是赤崁樓，更不是國華街，而是位於民生綠園旁的臺灣文學館。我曾籠統地計算過，我這輩子來了幾次文學館，粗估至少來了兩、三千次，也繞著這裡走了好幾千圈。

　　心情好也來，心情不好也來；
　　天氣好也來，天氣不好也來；
　　有事也來，沒事也來；
　　我就是這麼喜歡來這裡散步。

● 觀光客、本地人、陣頭、神轎、機車、行人⋯⋯通通在文學館前頭,真的很府城的一個畫面。● 文學館也是府城公民運動很常集結的場合。

- 倒映在臺南美術館一館玻璃門上的臺灣文學館。●從門口望去即是湯德章紀念公園，矗立著的是女性藝術家莊靜雯創作的〈迎風〉。

●館裡新舊融合,毫不違和,挑高寬敞舒適。●館慶時,館外周圍步道會舉行相關市集,總是吸引大批人潮。●文學館停車場出入口這個視角,可以一次收集四處建築,經典視角。

　　這棟典雅壯麗的建築,是出自日治時期建築師森山松之助的手筆,作為台南州廳使用。戰後,也一度為臺南市政府廳舍使用,之後經歷了籌設與整修,於2003年正式更名為「國家臺灣文學館」。

　　我喜歡來這裡散步的原因很簡單,除了人行道寬敞完整、環境舒適,建築本體可看性十足之外,最重要的就是,繞著走一圈,可以一次看齊周遭許多美麗的建築。從明鄭時期的

PART 柒 • 台南紳士愛散步

●館內有各式文藝展覽，圖為賴清德總統為「給臺南400的一封情書」展覽所題字的明信片。●館外人行道燈箱也都有各文學家的書籍一小段文字，會隨著時間替換，邊散步還能邊閱讀，非常有意思的設計。●文學館裏頭會有各式與文學相關的展覽，不僅豐富多元，而且完全免費。

臺南孔廟，到日治時期的武德殿、合同廳舍（現臺南消防史料館）、臺南警察署（現臺南美術館一館）、林百貨，一直到剛開館五週年的臺南美術館二館……等等，彷彿親身經歷了古今府城一遭，這是何等夢幻的事情。

再者，正因為位處市區中心，要去哪邊觀光都非常方便，七條放射線道路連結了眾多臺南知名景點、古蹟、車站，對於旅人著實便利，

而文學館周遭，種植了許多代表府城的鳳凰樹，每到五、六月時，紅色的鳳凰花盛開，搭配著綠葉與湛藍的天空，把整棟文學館裝飾得美不勝收，也是我覺得最美麗的時刻。門口那兩株巨大的鳳凰花，更是宛如地標性的存在，把文學館襯托得更美麗。

仔細看，館外周遭人行道上的洗石子矮柱燈箱，會定期更換臺灣作家的作品節句，讓人在散步的同時，也能欣賞優美的文學作品，進而去了解這些作家與作品，把文學在不知不覺中帶入了生活。一入館內，寬敞挑高的大廳，讓人不由得發自內心的讚嘆。裡頭也擺設了許多座椅，讓旅人們可以暫做休憩，而整修之後的文學館內，新舊建築融合，但不顯突兀，沉靜平穩的氣氛，也讓人不由得靜了下來。這裡四時皆有各式展覽，也有許多珍貴的作家手稿與相關文資物品展出，讓大家在日常生活之中，即可接觸到文學相關資產，真的很棒。

　　綜合以上，臺灣文學館一直是我心裡最推薦的府城景點，把文學融入日常生活，不也是臺灣文學館設立的主要目的嗎？

●每年二月，文學館隔壁的中西區圖書館的期間限定景色，重慶寺前的花鈴木盛開，整面窗成了一個大畫框，美不勝收。

55　新舊美食與新舊潮流的匯集地

中正路及友愛街 MAP
Zhongzheng Rd. & You'ai St.

　　對於中年以上的老臺南人而言，中正路及友愛街具有重要意義，好比當年盛極一時的小北東帝士百貨*與民族夜市*一般的神級存在，兩條路雖然比鄰而居，但各自精彩、各自美麗。

　　以前的中正路，是臺南市舊城區最繁華的一條路，有服飾店、百貨公司、鐘錶行、精品街、電影院、麥當勞、餐廳、知名小吃……等等，匯集了全臺南最先進、最潮流的所有人事

---

* 東帝士百貨：鄰近台南小北成功夜市與小北觀光夜市，為東帝士集團旗下事業之一，1986年開幕、2001年結束營業，曾為東南亞最大的購物中心。

* 民族夜市：曾為台南最大的夜市，因位於中西區的民族路而得名，攤商最初從赤崁樓開始聚集，全盛時期有400多個攤販、綿延二百公尺，後因各種原因遭強制拆遷，最後於1983年劃下句點。

●說到中正路，毫無懸念一定會聯想到林百貨。●整修完成的五福商店，是首間由台灣人開設的百貨公司。照片是馬公廟輔順將軍準備入總趕宮，經過五福商店前的一瞬間。●中正路西門路口的寶島鐘錶，曾為台南第一的本島人料理店：醉仙閣，在撤去外覆廣告之後，露出了原始樣貌，讓人好生期待。●風神廟於2023年舉辦近300年來首次三朝祈安清醮大典，送天師當天，風神廟神轎停駐於中正路河樂廣場前，留下這張極其珍貴的照片。

PART 柒 • 台南紳士愛散步

●倘使撤下中正路所有廣告招牌，讓整條路原始樣貌露出，會是何等風采。●
尚存著許多老牌舶來品與精品店店的友愛街，縱使時代更迭，依舊風韻猶存。

物。隨時隨地都是滿街人潮，尤其逢年過節，整條中正路塞滿了人潮車潮，宛如不夜城，因而有了「府城銀座」的美稱。

後來因為消費型態改變，商圈逐漸沒落，人潮外移至其他商圈，中正路這顆鑽石也逐漸失去了光彩。不過，近年因為海安路的積極運作，週末常常有許多市集活動，加上林百貨以及原臺南州會修復完成，還有河樂廣場的整建成功，整條中正路也慢慢的活絡了過來。

而沿著中正路從民生綠園到河樂廣場，一路上其實有很多日治時期的建築可以慢慢欣賞。很多街屋的立面在近年也都完全顯露出來，卸下重重廣告招牌的老建築，再次展現於所有人面前，這是何等美麗的事情。已於2024年完成整修的

●孔廟在友愛街這一側的紅牆,一種很台南的紅。

五福商店,更是繼林百貨之後最讓人期待的了。

　　清晨時刻漫步在中正路上,總讓我覺得這就是府城的摩登,沒有任何地方可以取代。我也衷心期盼,中正路西門路口的醉仙閣能夠風華再現。雖然醉仙閣曾於民國112年短暫露出原始立面,後來又再度覆上了鐵皮,很可惜。

　　與中正路平行的友愛街也是精彩非凡,從友愛東街一路到金華路,橫跨了府城最精華的地段,見證了多少年來的潮起潮落。

　　眾所皆知,友愛街以前因為委託行聚落的關係,整條街上

PART 柒 • 台南紳士愛散步

●友愛街的這個位置,可以一次收集四棟精彩建築,一直是我很愛取景的角度。●發源於友愛街沙卡里巴的赤崁棺材板,歷經了八十個年頭,生意依舊火紅。

有眾多的舶來品店,至今仍然多家老牌精品店存在。這些老牌精品店或許如今看來有點老派,但不得不說,正因為他們依然存在,才印證了友愛街曾為舶來品一條街的說法。

此外,友愛街上聚集了眾多知名的臺南點心。從「萬川號包子」到「友愛青草茶」,從「郭家粽子」到「傳承滷味」;從「鴨米鴨米脆皮薯條」到「南都烤玉米」,這還不包含已經搬家的「吳媽媽爆米花」以及「阿全碗粿」,以及已經歇業的下大道楊桃湯花生乳,說友愛街是美食一條街也不為過。

而中正路與友愛街之間,還有數不清的小巷弄互通著,在這些巷弄裡,也蘊含著府城許多傳奇。

舉例來說,八吉境關帝廳就隱身於美術館二館附近的巷內。廟中集結了眾多知名大師作品,而且在 2014 年由藝術修復師蔡舜任的團隊重新修復之後,大大打開了知名度。小而美、精巧的關帝廳,也受到許多年輕人的喜愛,一旁還開了知名的咖啡店與民宿。

再往西一點,傳統的友愛市場中,近年有眾多商家選擇在週末夜晚開設夜食堂,吸引了許多外來遊客的駐足,算是台南傳統市場經營新模式的開創者。往市場對面的巷內走,知

名的總趕宮即位於此地,一旁即是赫赫有名的雙全紅茶,而廟埕內還開了咖啡店及烤雞店。

再往西,過了西門路之後,直至海安路,中正路以及友愛街兩條路之間這一大片區域就是府城知名的「沙卡里巴」。此處原本是小吃、熟食、飯桌的聚集地,之後逐漸演變成了成衣批發商的集散地,但至今仍有許多府城重量級的點心店,在此服務著慕名前來的饕客們。近年來,這一帶也吸引了許多有趣的小店前來進駐,有咖啡店、異國美食、錦源興、古著店……,互利共榮,真的很棒。

臺南最有趣的地方就是新舊並存,總是可以在古老的城區小巷裡,意外的發現年輕人開的店,這種反差感,也是散步在巷弄裡的一大樂趣。而中正路與友愛街這兩條堪稱府城舊時榮光的道路也是如此,縱使不似過往閃耀,但在大家的努力之下,我總覺得這顆鑽石又慢慢地閃耀了起來。

這裡有最傳統的宮廟,廟口有年輕人賣咖啡;這裡有最傳統的市場,夜晚的市場充滿著旅人的笑聲與種種香味;這裡有最知名的沙卡里巴,沙卡里巴也逐漸找回字面上的繁榮興盛。

That is Tainan style.(這就是台南風格)

● 曾經是府城最繁華的中正路，希望有一天能見到她再顯風華。● 白天與夜晚都很精采的友愛市場，從早到晚美食雲集。● 在臺南說到廣東油雞，所有老臺南人一定都指名沙卡里巴的這家羊城小食。開店將近七十年的時間，是所有老臺南人的共同回憶，也是談到中正路時的地標之一。

56 新美街 MAP

從文化到美食，府城最精彩的一條街

Xinmei St.

　　新美街說長不長，說短也不短，橫跨了府城舊城區三條極重要的歷史道路，至今兩百餘年歷史。演化至今，不僅有古蹟、宮廟、各產業老店、民宿，近年更有眾多年輕人開設的店家進駐，儼然成為臺南最精彩的一條街道，從早到晚，人來人往，好不熱鬧。

　　眾所皆知，新美街其實分成三段，由南往北，分別是：民生路到民權路（帆寮街）、民權路到民族路（抽籤巷）、民族路到成功路（米街），走在每一段路上，都可以明顯地感覺到街道氛圍的變化，我想這是很有趣的地方。

1. 帆寮街：民生路到民權路
Fanliao Alley/Sailcloth Alley

●帆寮街：全台南第一杯木瓜牛奶就在新美街民生路口的「阿田水果」店。●帆寮街：各式飲食店雲集的這一段，「老恭意麵」歷久不衰，不變的好味道。●帆寮街：鎮守於此的慈蔭亭觀音佛祖。

PART 柒 • 台南紳士愛散步

●帆寮街：大大的「帆」字，帶出了過往歷史，小巷內急遽的地勢變化，可以想像舊時的地貌與庶民生活特色。●帆寮街：完全被人所遺忘的帆寮古街，漫步其中，還是可以找著些許痕跡。

這一段過去因為帆寮港立於此地，離台江內海岸邊不遠，因而成了帆船以及相關行業的聚集地。如今的古帆寮古街，就在慈蔭亭牌樓下邊的矮巷，成為新美街眾多餐飲店的後街暗巷。令人難以想像當時之繁華，僅剩巷口地上一處名牌以茲紀念。

　　而在牌樓正對面，有一條很容易錯過的小巷口，掛著一個「帆」字，一路往巷內走，可以很明顯的感受到地勢逐漸隆起，之後在西門路二段（以前的台江內海海岸）又急遽往下。這個高丘，其實就是以前帆寮巷居民的方便之地，非常有趣，值得一探究竟。

　　帆寮街這一帶有兩大信仰中心，一是開山宮，一是慈蔭亭，終年香火鼎盛，其中慈蔭亭與牛頭牌有很深的淵源，算是良緣一樁。帆寮街的特色是飲食業相當發達，傳統冰果室、日式燒肉拉麵、星馬美食、咖啡店、喫茶店、台式熱炒、台南傳統小吃一應俱全，眾星雲集。

2. 抽籤巷：民權路到民族路
Chouqian Alley/ Draw Lots Alley

　　這裡自古即是府城最重要的區域，荷據時期，民權路是著名的普羅民遮街，後來逐漸演變成府城最著名的十字大街；

明鄭時期，祀典大天后宮是寧靖王府；直至清朝，民權路西門路口，則是府城十四座城門之一的大西門（鎮海門）所在，可以想見這一帶對於府城的重要性，真天龍國是也！

而抽籤巷這一段相對之下比較沉靜，主要是因為有開基武廟及祀典大天后宮兩間廟坐鎮，宗教氣息較為濃厚。但我卻非常喜歡在這一段散步，總覺得這是我喜歡的府城樣貌。

除了上述兩間廟，還有兩處店家可探訪，一是金德春茶行以及隆興亞鉛行。兩家皆是府城老商行，信譽卓著，品質保證，他們沒有大肆廣告，只是默默地努力經營，我想這就是府城眾多老店的最佳寫照。

到了夜晚，抽籤巷也是相當精彩，因為這裡有揚名海內外的酒吧「TCRC」。身為府城酒吧界的先驅者，我對於TCRC的老闆著實崇敬不已，因為他真的帶起了一股 Bar Boom（酒吧風潮）。

我很喜歡抽籤巷靜謐中隱藏的熱鬧，很府城，

●一塊一塊的老路牌，見證了這一段新美街的歷史演進。●抽籤巷：經由城市走讀活動可以更深一層的認識這個城市。●抽籤巷：從祀典大天后宮一路望見廟埕另一端的 TCRC，一旁還有許荷西大師的壁畫，這種新舊文化的交融，是我覺得府城最迷人的地方。●抽籤巷：相當推薦在傍晚魔幻時刻於此散步。

3. 米街：民族路到成功路
Mi Street/Rice Street

　　顧名思義，米街在舊時就是與米穀所有相關行業的聚集地。很可惜的是，目前米街並沒有任何一家商店是與米有關，取而代之的是紙業以及祭祀相關店家，還有民宿業，以及一些年輕人開的店。

　　近年因為有米街團隊＊的大力協助，因而發展澎湃。不管是道路狀況改善、社區營造，以及知名的米街市集（臺南首個街道式市集，相當有趣），我想大家都看在眼裏。

　　更值得一提的是，米街團隊與赤崁朋派商圈共同策劃的「萬神節」，儼然成為府城十月底的最大盛事。整整兩天的活動，把民生路至民權路這一段的永福路，幻化成了萬神之地，眾多神將、陣頭齊聚，還有看不見盡頭的遊客，大家一起沉浸在萬神的祝福之下。這個活動已經舉辦了五屆，越來越盛大，讓大家親身接觸陣頭文化，也了解有這麼多人在努力維持著這些傳統文化。

＊米街團隊：民國 105 年立案的「米街人文協會」，最早由在新美街區開店的新興店家一起舉辦巷弄市集、導覽活動及出版相關刊物，據傳是開創台南巷弄市集的元老。（參考資料：台南市政府社會局、眼底城事網站）

● 米街：歷經 23 年，於 2022 年修復完成，並於當年 12 月入火安座的廣安宮，可謂府城宮廟界大事。另於 2024 年的甲辰年金籙慶成祈安三朝建醮大典，更是睽違整整 72 年之久。
● 這一段的米街，有蠻多紙業與祭祀相關的行號。

PART 柒 • 台南紳士愛散步

●幾乎與米街畫上等號的萬神節,已是眾多旅人與在地人在 10 月底的最大期待。●夜晚的米街,人潮散去,靜謐無聲,也可以感受到另一個樣貌的米街。

另外，甫於 2022 年整修完畢，入火安座的米街廣安宮，府城最知名的阿憨虱目魚粥即是發源於此，一旁的點心城於近年整理之後，也成了外地遊客的覓食重地。

　　一直很喜歡米街所營造的社區文化，大家共利共榮的觀念，不也與府城眾多相鄰的飲食老店之間的默契很吻合嗎？

　　不知道大家有沒有注意到，整條新美街其實都在沿路諸位神明的庇蔭之中，從民生路這端的六興境開基開山宮（主祀保生大帝），再往北會來到六興境帆寮慈蔭亭（主祀觀世音菩薩），之後過了民權路，就是內關帝港開基武廟（主祀文衡聖帝），再往前一點，即是赫赫有名的祀典大天后宮（主祀媽祖）。

　　接著，過了民族路，右邊巷子裡即是前面提到米街廣安宮（主祀池府王爺），再往前來到府緯街，往右一看，即是我非常喜愛的赤崁樓大士殿（主祀觀世音菩薩），以及在路口的米街忠澤堂（主祀忠祐侯石獅城隍爺），走一趟下來，是不是都覺得神功護體了呢？

　　新美街誠如開頭所言，說長不長，說短不短，認真走讀之下，更能發現其中的細膩所在。

57 忠孝街信義街：從媽祖樓到兌悅門 MAP

歷史悠久、靜謐且充滿獨特韻味的街區

From Zhongxiao St. to Xinyi St.

　　忠孝街與信義街皆為狹小街道，但從忠孝街底的「四聯境媽祖樓天后宮」，一路往南走，到了信義街往右拐，再一路走到信義街底的「兌悅門」，是我非常喜歡的散步路線，不僅有媽祖與上帝公的護佑，沿途更是滿滿的老臺南風情。

　　四聯境媽祖樓天后宮，因為電影〈總舖師〉（2013年）而聞名，廟體雖小，至今也兩百多年歷史了，罕見的銅鑄龍柱，陽光灑下時，真的金光閃閃，這可是貨真價實的銅雕龍柱。進入廟內，後殿龍柱是由彩色礦石製作而成的龍柱，極為稀有。此外，還有潘岳雄大師描繪的門神、蔡草如大師的畫作、道光年間的茄苳入石柳供桌，整間媽祖樓皆是府城工藝的展現。

　　媽祖樓所在的前段忠孝街上，有好幾棟雅致優美的老宅。

●位於忠孝街底的媽祖樓天后宮，充滿府城工藝大師的作品，值得細細品味。

PART 柒 • 台南紳士愛散步

●媽祖樓天后宮前，有著好幾棟造型與用材皆雅致的街屋，品味高尚。●媽祖樓天后宮的彩色龍柱，相當罕見。●很喜歡這一段信義街，還保留了府城傳統的街屋。已完全整修過的石板街道，不僅更好行走，也更添韻味。●信義街底的兌悅門，依舊看守著來來往往的人們，老榕樹與石獅公也繼續陪伴著大家。

這些老洋宅立面完整乾淨，鐵件、石材、木作、磁磚巧妙的結合在一起，當初肯定花了不少心思在上頭，尤其配色更是絕妙，與街景構成了一幅美麗的畫作。而廟宇周邊竟然也開了一些小店，我想這就是府城的特色，越深的巷子裡總是有驚喜等著你。

背對媽祖樓往南走，右轉進入信義街之後，又是另一番完全不同的風景。這一段信義街的街幅極小，兩側居民幾乎都可以聽到對門鄰居的談話、聞到鄰居的飯菜香。其中有幾棟街屋也極具特色，比方說：兩層樓建築的二樓有個露臺，還開了一個小門，與神農街街屋頗為相似。

在這段短短的窄巷裡，聚集了知名名宿、餐廳、居酒屋、人文空間、婚紗店、咖啡店。就連更深的窄巷裡，也隱身著一處剛入火安座的代天府，請來了重多府城知名年輕工藝家重新整建，只能說這段信義街真是精彩！過了金華路之後的後段信義街依舊精彩，除了碗粿名店、知名台菜餐廳，靠近街尾那頭還有餐廳、文青小店、民宿，就連臺南老屋先驅者林文濱大哥的店「LOLA 蘿拉冷飲店」也在這。

鎮守著後段信義街的，則是集福宮裡的玄天上帝。集福宮近來因為由年輕一輩來管理，不僅有許多藝文活動在廟埕舉

● 集福宮為此處的信仰中心，周遭有許多小店，府城敲鐘祈福活動也是從這裡開始的。● 創館已經 120 年，且登錄為市定民俗的全台白龍庵如性慈敬堂八家將，每次出軍，總是吸引了所有人的目光。● 「老古石碗粿」是低調的隱藏美味，長年不變。● 民國 53 年的珍貴照片，如性慈敬堂的家將在接趙部振靈公的神轎。

辦，已經舉辦四屆的府城敲鐘祈福活動，也是從集福宮開始的。其實信義街的後段在古早以前，可是聚結了眾多府城傳統工藝行號，可惜目前不是已經消失就是遷移了

此外，來到集福宮，就不能不談到「全台白龍庵如性慈敬堂八家將」。2024 年該團被台南市政府登錄為文化資產保存團體，近年更在府城的萬神節大放異彩，成了大家關注的焦點。

●斑駁鏽蝕的信義街鐵牌，也算是見證了這一條老街的歷史吧。●老街屋那獨特的韻味，在光影之下更是迷人。

　　信義街街尾的兌悅門，一直是我很喜愛的地點。登高眺望信義街的老街屋，彷彿還能看見舊時五條港的榮光。但多年來因為道路日漸墊高的關係，兌悅門的門洞日益低矮，實在很可惜。更早以前，將爺可是稍微低頭就可以直接穿越兌悅門，現今真的難以想像。

　　從忠孝街一路到信義街再到兌悅門，雖然沒有神農街的人群雜沓，但也或許是因為這份質樸靜謐，才教我如此喜歡吧。不管是清晨或者傍晚，甚至是夜晚前來，這裡總是安安靜靜地迎接大家。

58 ──── 充滿古樹與古蹟，親近在地居民的綠地

臺南公園
Tainan Park

這裏 台南市北區公園南路 89 號　MAP
有開 無休

　　臺南公園，二戰後一度改名中山公園，於 2001 年改回原本的名稱「臺南公園」。這座公園是府城最大的綠地，創建至今已一百餘年，幅員廣大、綠蔭盎然。

　　正因為歷史悠久，所以園內有古蹟也很正常。除了從南門路移過來的「重道崇文坊」，「原臺南公園管理所」也是市定古蹟之一。原臺南公園管理所在 2024 年整修完畢之後，幾乎完全回復了日治時代的外觀，特殊的咕咾石外牆是最大特色，成了很多人拍照與寫生的場景。

　　公園內還有一些歷史遺構，除了老臺南人都知道的鳥園、猴園、燕潭、溜冰場之外，最特別還有大北門城牆遺跡。於清朝時期所建立的大北門，是界定當時府城範圍的重要建

●全台灣最老最大的菩提樹。

PART 柒 • 台南紳士愛散步

●古木參天，我想就是此等光景吧，何等壯大的雨豆樹。●甫於 2024 年整修完成的原臺南公園管理所。●從南門路移至臺南公園內的重道崇文坊，亦是市定古蹟。

●公園內常見民眾寫生。

設,雖然城門與城牆大多於日治時期拆毀(因應當時都市發展),仍有少數城門與城牆留存至今,而臺南公園東側恰好是大北門所在(今北門路與小東路口,設有一石碑紀念),城牆從公園中間穿越而過,因此公園內留有一小部分城牆遺跡,見證了府城悠悠的歷史。

2017年,臺南公園百年紀念時,更是請來日本庭園大師,修復當時的日式瀑布庭園造景。錯落有致的石頭,以及高低段差所形成的小瀑布,至今仍然相當優美,難以想像,百年以前的臺南公園就有此等景致。

其實臺南公園,也是一處熱帶實驗林,所以園內有多達數十種樹木林種,成為一大特色。甚至有著許多百年老樹,這些老樹也都是府城的重要資產,獲得國家級的保護,繼續邁向下個百年。臺南公園從以前就是府城人悠閒散步的好所

在，其中有一個很重要的轉戾點，就是臺南市前市長許添財大力推動的「好望角計畫」。當時根據計畫，拆掉了臺南公園的紅磚圍牆，並增設了許多木棧道，方便市民與遊客能夠更輕鬆地走在步道上、散步其中。這個重大的創舉，大幅改善了圍牆長年造成公園的封閉印象。

這個好望角計畫，也逐步於府城推行，不僅拆掉了許多公共空間的圍牆，就連學校圍牆也逐步拆除，讓整個城市的視野更加通透。而且更導入社區營造，讓許多角落變得更加清潔美觀。由於成效顯著，好望角計畫至今仍然持續推行，也有其他城市與國家前來朝聖。

綜合以上種種，臺南公園一直是我覺得被低估的觀光聖地。園內不僅有歷史古蹟、自然景觀，更有著大片綠蔭與老樹。與公園外遭遇不當砍頭的路樹，或者大片綠地鋪上水泥變成了停車場、蓋上商場或住宅……相比之下，臺南公園真的是府城人的瑰寶。公園內常常可以看見一家大小在散步，或者長輩們在談天散心，我覺得這些用途才是我們府城人真正需要的。

●市區難得一見的廣大綠地,綠蔭扶疏。●燕潭與念慈亭幾乎等同台南公園的地標。●公園內仍潺潺流著的文元溪。●公園內到處都是休憩聊天的人們。●甲辰年府城城隍夜巡,路關主要是巡查府城舊時城門,恰巧台南公園是大北門之地,大駕突然衝進去了台南公園,一旁市民也好奇觀望。●復原之後的日式飛瀑山水。

0HDB0033 好生活 033

台南紳士的府城 STYLE

從在地早頓到巷弄風情，跟著大同走入南都日常

作　　者｜林大同

責任編輯｜高佩琳
封面設計 / 內文構成｜謝捲子 @ 誠美作
內頁插畫｜地圖繪製｜陳宛昀

總 編 輯｜林麗文
副總編輯｜賴秉薇、蕭歆儀
主　　編｜高佩琳、林宥彤、韓良慧
執行編輯｜林靜莉
行銷總監｜祝子慧
行銷經理｜林彥伶

出　　版｜幸福文化 / 遠足文化事業股份有限公司
地　　址｜231 新北市新店區民權路 108-3 號 8 樓
粉絲團：https://www.facebook.com/happinessnbooks/
電　　話｜（02）2218-1417　傳真：（02）2218-8057

發　　行｜遠足文化事業股份有限公司
地　　址｜231 新北市新店區民權路 108-2 號 9 樓
電　　話｜（02）2218-1417　傳真：（02）2218-1142
電　　郵｜service@bookrep.com.tw
郵撥帳號｜19504465
客服電話｜0800-221-029
網　　址｜www.bookrep.com.tw

法律顧問｜華洋法律事務所蘇文生律師
印　　製｜呈靖彩藝

初版一刷｜西元 2025 年 9 月
初版三刷｜西元 2025 年 9 月
定　　價｜499 元

ISBN 978-626-7680-87-2　（平裝）
ISBN 978-626-7680-88-9　（EPUB）
ISBN 978-626-7680-89-6　（PDF）

國家圖書館出版品預行編目 (CIP) 資料

台南紳士的府城 Style/ 林大同著 . -- 初版 . -- 新北市：幸福文化出版社出版：遠足文化事業股份有限公司發行，2025.09
　面；　公分 . --（好生活；33）
ISBN 978-626-7680-87-2(平裝)

1.CST: 旅遊 2.CST: 飲食 3.CST: 臺南市

733.9/127.6　114011159